W0357628

HIMALAYA
AUS DER LUFT

Koichiro Ohmori · Chris Bonington

Bruckmann

Umschlagphoto: Koichiro Ohmori
Layout: Toshio Inoue
Umschlaggestaltung: Tausend Premedia GmbH, München
Drucküberwachung: Etsuo Kamijo
Bearbeitung des Kartenmaterials: Senshusha

Die Zusammenarbeit wurde durch den Verein für Himalaya-Tourismus ermöglicht.

Die Namen und Höhenangaben der Berge entsprechen der von
der Regierung Nepals im Jahre 1983 veröffentlichten Auflistung.

Sonderausgabe 1999
Copyright der ersten Ausgabe © 1994: Yama-kei Publishers Co. Ltd., Tokyo, Japan
Copyright © 1994: Koichiro Ohmori (Photographien und Text S. 100)
Chris Bonington (Vorwort)
Yugo Ono (Texte S. 98 und 102)

Copyright der deutschen Ausgabe © 1994, 1999: F. Bruckmann KG, München

Alle Rechte vorbehalten

Übersetzung aus dem Englischen: Almut Andreae, München
Typographie/Satz: AVAK Publikationsdesign, München
Druck und Bindung: Dai Nippon Printing Company Ltd.

Printed in Singapore by TIEN WAH PRESS

ISBN 3-7654-3449-3

Inhaltsverzeichnis

Himalaya aus der Luft

Vorwort

Es ist mir eine Ehre, zu diesem vorzüglich bebilderten Buch *Himalaya aus der Luft* ein Vorwort schreiben zu dürfen. Und zwar freut mich dies ganz besonders angesichts der langen Tradition des Bergsteigens in meinem Heimatland Japan und der vielen hervorragenden Leistungen japanischer Bergsteiger.

Ich bin viele Male über die mächtigen Gipfel des Himalaya hinweggeflogen. Manchmal sind ihre hochaufragenden Bastionen in Wolken gehüllt, an einem klaren sonnigen Tag jedoch läßt sich jede Einzelheit ausmachen. Doch selbst dann sind die unzähligen Gipfel und Schluchten dem ständigen Wandel von Licht und Schatten unterworfen; es ist extrem schwierig, sie auf Film einzufangen – übrig bleiben nur flüchtige Impressionen.

Mit diesem Buch nun wird es möglich, diese Eindrücke wieder und wieder zu genießen. Darüber hinaus bietet es Gelegenheit, die großen Berggipfel mit Abstand zu betrachten, weckt Erinnerungen an vergangene Touren und regt zukünftige Unternehmungen an.

Oft genug, wenn ich eine Expedition, insbesondere zur extrem steilen Annapurna-Südwand und zur riesigen Everest-Südwestwand, geplant habe und dabei, um die genaue Route festzulegen, jede nur erdenkliche Einzelheit erforschte, wären Aufnahmen dieser Qualität, die einen Überblick über den Gipfel und das umliegende Terrain geben, von unschätzbarem Wert gewesen.

Jedes Mal, wenn ich zur großen Gebirgskette des Himalaya zurückkehre, komme ich aus dem Staunen über ihre majestätische Schönheit, über das gewaltige Ausmaß der Riesenwände, der emporstrebenden Gipfel und der sich windenden Eisfälle nicht heraus. Dort habe ich einige der inspirierendsten Augenblicke meines Lebens erfahren – aber auch meine engsten Berührungen mit dem Tod.

Der Everest war von jeher der Berg, der die meiste Faszination auf mich ausübte. Als ich 1985, im Alter von 50 Jahren, endlich selbst auf diesem einzigartigen Gipfel stand, nachdem ich zuvor drei Expeditionen geleitet hatte, ergriff mich eine tiefe Melancholie. Ich dachte an all die Freunde, die ich im Lauf der Jahre nicht nur am Everest, sondern auch auf anderen Bergen verloren hatte. Ich weinte um sie und aus dem überwältigenden Gefühl heraus, endlich am höchsten Punkt der Erde zu stehen.

Unvergeßlich bleibt mir jede einzelne Tour, die mich über einen Zeitraum von 30 Jahren in den Himalaya führte: Die Erinnerung an die Schönheit und Grenzenlosigkeit dieser einzigartigen Landschaftszenerie, an die Herzlichkeit und Gastfreundschaft der Einheimischen, an so manche Kletterstelle, an der wir zu scheitern drohten und die wir dann doch noch überwinden konnten. Unvergeßlich sind auch die enormen Probleme, die uns die Höhe und die extremen klimatischen Bedingungen bereiteten.

Als ich mich 1960 zum ersten Mal in den Himalya aufmachte, um die 7937 Meter hohe Annapurna II zu versuchen, traf ich weder auf Touristen noch auf Bergsteiger und nur auf einige wenige Expeditionen. In Kathmandu gab es nur ein Hotel, kaum Verkehr, und die einzige Straße in Nepal war die Verbindungsstrecke zwischen der Grenze in Raxaul und Kathmandu. Unser Anmarsch führte uns von den Ausläufern Kathmandus aus um die Westseite des Berges herum. Nachdem uns die Erstbesteigung geglückt war, überquerten wir auf dem

Rückweg den Tilicho-Paß und stiegen über den Kali Gandaki ab. Während dieser drei Monate begegneten wir nur zwei Bergsteigern. Es waren Teilnehmer einer Schweizer Expedition zum Dhaulagiri. Die Ausläufer des Gebirges und die Berge selbst waren von einer wohltuenden Ursprünglichkeit, von jeglichem Tourismus noch unberührt.

Das Jahr darauf bestieg ich den Nuptse, den dritthöchsten Everest-Gipfel. Sola Khumbu war genauso unberührt wie die Annapurna-Gegend. Über der Nuptse-Südwand erblickte ich zum ersten Mal die Südwestflanke des Everest, eine massive, durch Eis und Schnee geäderte dunkle Wand aus Stein. 1961 konnte ich mir keinen vorstellen, der es gewagt hätte, es mit ihr aufzunehmen, es sei denn, die Leitung der Expedition läge in meinen Händen.

Aus der Distanz betrachtet, wie in den fantastischen Bildern dieses Buches, wirken die Berge des Himalaya so prachtvoll wie eh und je. Doch war ich bei einem Besuch des Nanga-Parbat-Basislagers im Jahre 1990 völlig entsetzt, als ich feststellen mußte, daß die Gegend vom Müll, den einige Bergsteigergruppen zurückgelassen hatte, übersät war. Meiner Meinung nach besteht die größte Herausforderung an jeden Bergsteiger von heute – im selben Maße wie sich diese Aufgabe im weiteren Sinne der gesamten Menschheit stellt – im verantwortlichen Umgang mit der Bergwelt.

Man möchte glauben, ein Gebiet mit den Ausmaßen des Himalaya-Gebirgszuges sei unverwüstlich, doch zeigt sich mittlerweile nur allzu deutlich, daß dies keineswegs der Fall ist. Obwohl sich viele Ursachen dieser Umweltzerstörung dem Einfluß des Bergsteigers entziehen, wie etwa das der Überbevölkerung in den Bergtälern und die damit einhergehende Abholzung der Wälder oder die verheerende Entwicklung in den Bergen selber.

Die Faszination der Berge und der Drang, sie zu besteigen, bleibt jedoch unverändert: das Staunen über die reine Schönheit von Eis, Schnee, Felsen und Himmel, die Befriedigung, die sich einstellt, nachdem man sich Gefahren ausgesetzt und diese überwunden hat, sowie die unstillbare Neugier, das Unbekannte zu erkunden. Doch tragen wir die Verantwortung, die Berge mit Respekt und Rücksicht zu behandeln, unsere Abfälle zu beseitigen und andere aufzufordern, das gleiche zu tun und schließlich bergzusteigen, ohne dabei dauerhafte Spuren zu hinterlassen. Durch den unaufhaltsamen Bergtourismus wird in dieser kargen und einfachen Gegend der Umweltschutz mehr und mehr zum Problem. Es ist unsere Aufgabe, mit der so verletzlichen Bergwelt behutsam umzugehen.

Jeder einzelne Bergsteiger sollte mit seinem Verhalten dazu beitragen, diese einzigartige »Krone der Welt«, die in diesem Bildband hervorragend gewürdigt wird, so unbeschadet wie möglich zu bewahren.

Chris Bonington
im März 1993

In der Übersichtskarte wurde die international meist verbreitete englische Schreibweise der Orte und Gipfel benutzt.

NEPAL HIMALAYA

MANASLU REGION

GANESH HIMAL

LANGTANG HIMAL

JUGAL HIMAL

ROLWALING HIMAL

EVEREST REGION

KHUMBU HIMAL

KANGCHENJUNGA REGION

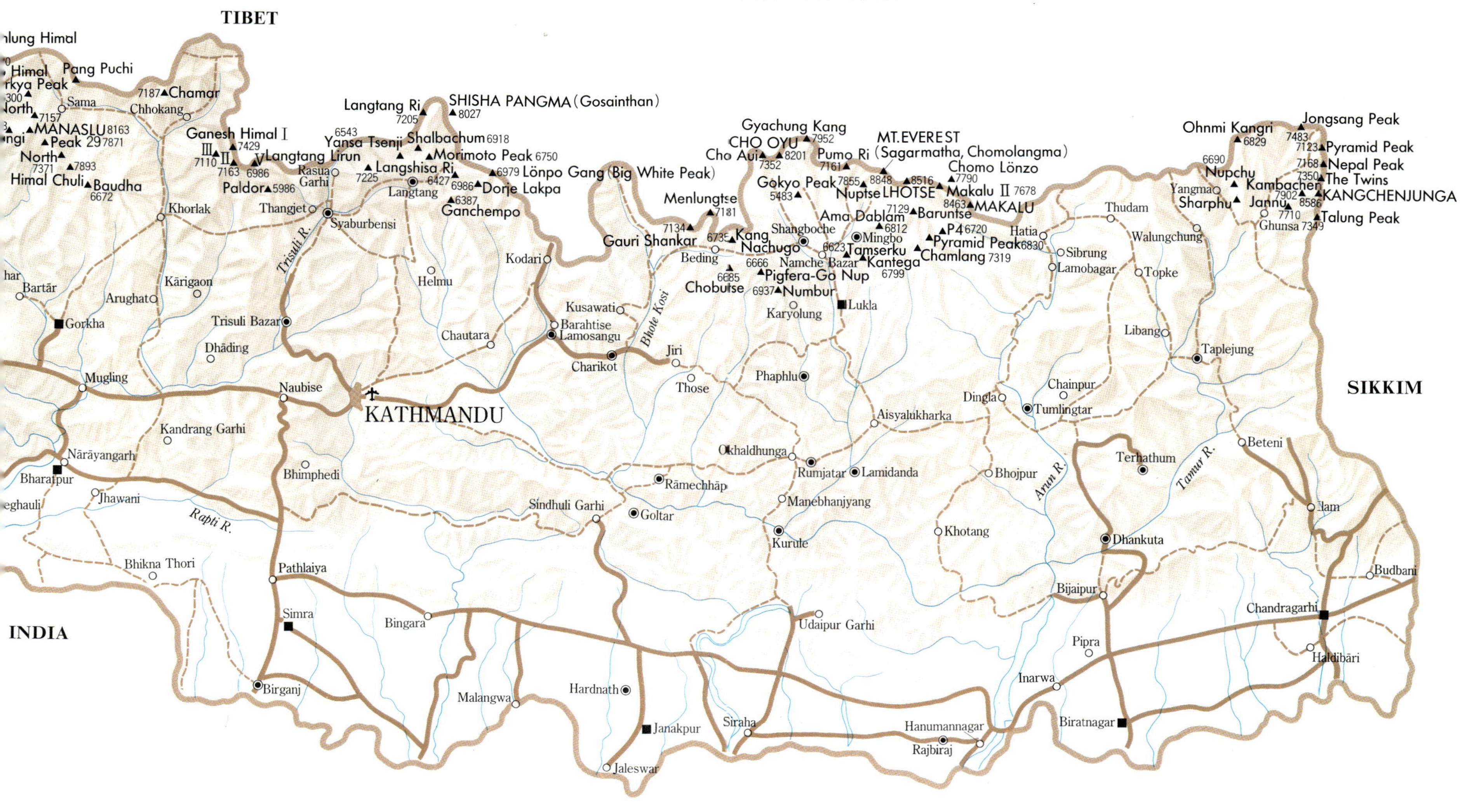

Kantschendzönga-Gebiet

1 Die Jannu-Südwand von Südwesten

2 Jannu, 7710 m, von Südwesten

3 Jannu (rechts) und Kantschendzönga von Westen

4 Kantschendzönga von Südwesten, oberhalb des Yalung-Gletschers

5 Kantschendzönga von Nordwesten

6 Jongsang Peak, 7483 m, von Süden

1

2

3

4

6

Everest (Sagarmatha)-Region, Lhotse und Makalu

7 Der Mount Everest, 8848 m, und der Khumbu-Gletscher von Westnordwesten

8 Der Mount Everest mit Umgebung des Lhotse von Süden

9 Der Mount Everest mit Umgebung von Westen

10 Die Südwestwand des Mount Everest von Westnordwesten

11 Die Ostseite von Everest (links) und Makalu, 8463 m, von Südosten

12 Die Ostseiten von Everest und Makalu von Süden

13 Der Makalu von Südwesten

8

9

TO

12

Khumbu Himal und Rolwaling Himal

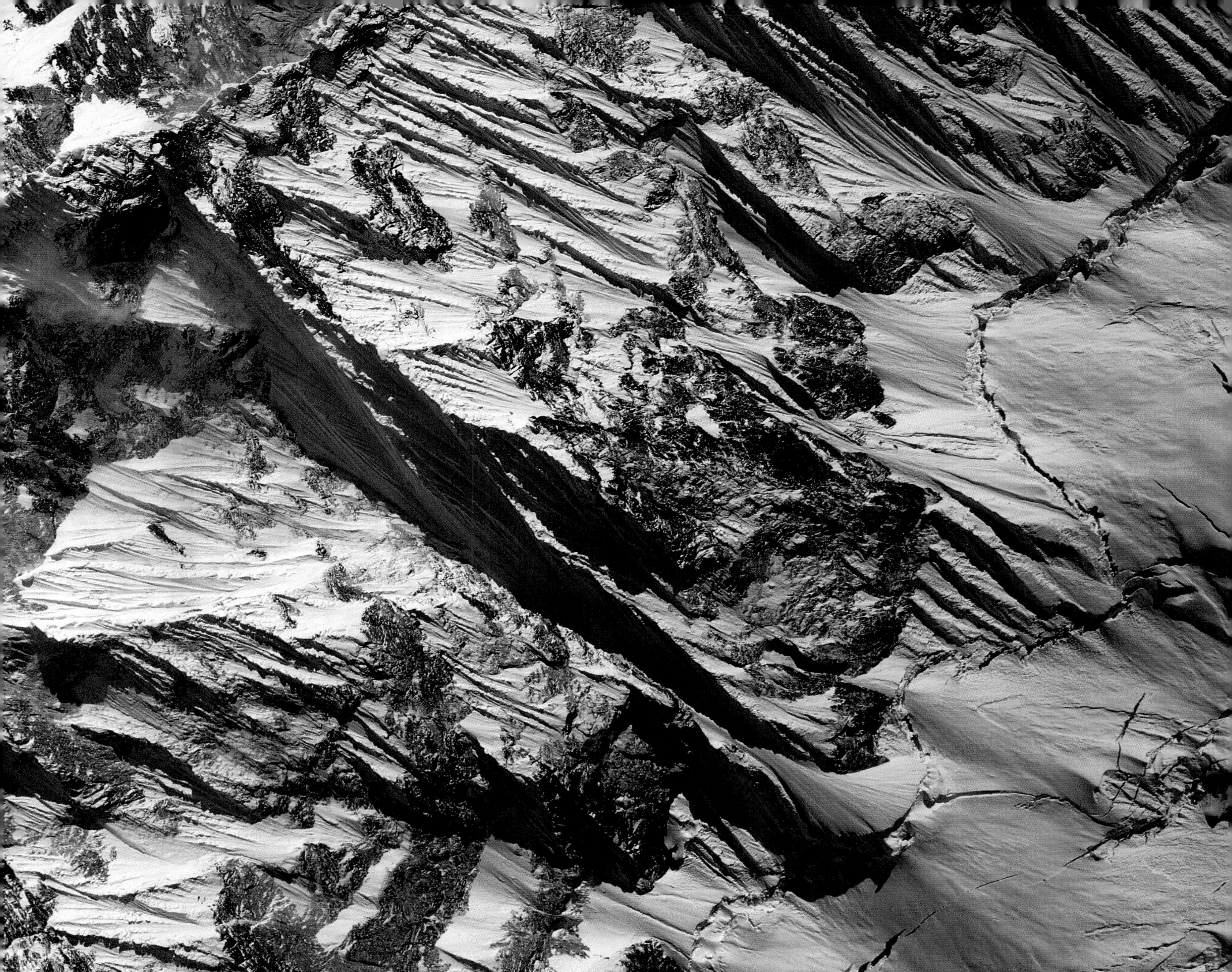

16

Langtang Himal, Jugal Himal und Ganesh Himal

22 Die Shisha Pangma, 8027 m, von Südwesten über dem Langtang-Tal

23 Die Shisha Pangma und die Berge um das Langtang-Tal von Südwesten über dem Langtang-Tal

24 Die Shisha Pangma und die Berge des Langtang und des Jugal Himal von Südwesten

25 Die Berge des Jugal-, des Rolwaling- und Khumbu Himal von Nordwesten

26 Der Langtang Lirung, 7225 m (links), und die Berge des Langtang Himal von Südosten, über Helambu

27 Der Ganesh Himal, 7429 m, von Süden

24

Manaslu Region

28 Der Manaslu, 8163 m, von Südwesten

29 Der Manaslu (links) und Himal Chuli, 7893 m, von Nordwesten

30 Der Himal Chuli (rechts) und das Manaslu-Gebirge von Südsüdosten

31 Die Ostseite des Himal Chuli, 7540 m, von Nordosten

32 Der Himal Chuli von Norden

30

Annapurna Himal

33 Der Machhapuchhare, 6993 m, von Norden

34 Machhapuchhare (ganz rechts) und Gangapurna von Norden

35 Annapurna I, 8091 m, von Südosten

36 Gesamtansicht des Annapurna Himal von Südosten

37 Annapurna II, 7937 m (rechts), und Lamjung Himal, 6983 m (links), von Nordosten

38 Annapurna I und Tilitso Himal von Nordosten

39 Der Annapurna Himal von Nordnordwesten, über dem Tilitso-See

37

Dhaulagiri Himal

40 Der Dhaulagiri I, 8167 m, von Süden

41 Der Dhaulagiri I von Ostsüdosten

42 Dhaulagiri I und Dhaulagiri II, 7751 m, von Ostnordosten

43 Dhaulagiri I (links oben) und Tukuche Peak, 6920 m, von Ostnordosten

44 Putha Hiunchuli, 7246 m (links oben), und Churen Himal, 7371 m, von Ostsüdosten

45 Die Häuser des Dörfchens Phortse drängen sich auf den wenigen ebenen Flächen zusammen

Anhang

Die Gipfel des Himalaya

Vom tiefen Meeresgrund zum höchsten Gebirgszug der Welt

Der Himalaya ist das höchste Gebirgssystem der Erde. Er wird im Süden von der indischen Ebene und im Norden vom tibetischen Hochland begrenzt. Während das Ganges-Delta größtenteils auf Meereshöhe liegt, erreicht das tibetische Hochplateau durchschnittlich eine Höhe von 4500 Metern und ist in seiner Flächenausdehnung sieben Mal so groß wie Japan. Der Himalaya ist eine gigantische Fels- und Eisbarriere, die sich von Ost nach West auf einer Länge von 2400 Kilometern am Rande dieses größten Hochplateaus der Erde erstreckt.

Im Westen wird der Himalaya durch den Indus begrenzt. Am östlichen Ende, dort wo der Brahmaputra-Strom eine starke Krümmung macht, wendet sich der Flußlauf um 90 Grad. Über dieser großen Flußbiegung erhebt sich der Namcha Barwa, dessen Erstbesteigung erst kürzlich einer gemeinschaftlichen Expedition mit japanischen und chinesischen Teilnehmern glückte. Würden sich die östlichen Ausläufer Hokkaidos an dieser großen Krümmung befinden, lägen die Ryukyu Inseln am Indus. Es ist, als sei die japanische Inselgruppe um 4000 Meter angehoben und am südlichen Rand des tibetischen Hochplateaus wieder fallengelassen worden.

Das Spiel der Urkräfte

Diese Analogie ist nicht rein zufällig. Ebenso wie die japanische Inselgruppe an der Nahtstellte der eurasischen und der pazifischen Kontinentalplatten entstand, geht der Himalaya auf die Nahtstelle zwischen der eurasischen und der indischen Kontinentalplatte zurück. Denn entsprechend der Plattentektonik setzt sich die Erdkruste aus einer ganzen Reihe von Einzelteilen zusammen, die wie ein riesiges Puzzle zusammenpaßen.

Der Durchmesser jeder Platte beträgt bis zu 100 Kilometern, was für sich genommen sicher nicht wenig ist, gemessen am 6400 Kilometer langen Radius der Erde aber doch. Diese Relation ist durchaus mit dem Verhältnis der Dicke einer Eierschale zur Größe des Eies vergleichbar. Alle diese Platten schwimmen auf einer flüssigen Masse, die man Astenosphäre nennt, und bewegen sich einige Zentimeter im Jahr.

Vor 100 Millionen Jahren lagen Indien und Afrika unmittelbar aneinander. Indien löste sich von Afrika und trieb langsam in Richtung Norden, bis es vor 50 Millionen Jahren mit dem eurasischen Kontinent zusammenstieß.

Der Himalaya entstand durch dieses Spiel der Naturkräfte. Indem sich Indien auf den eurasischen Kontinent schob, passierte praktisch das gleiche, wie wenn ein Kompaktwagen auf einen Kipper prallt. Genauso wie das Vorderteil des Kompaktwagens vom Kipper unterpflügt wird, wurde das Vorderteil der indischen Platte gebogen und unter die eurasische Landmasse geschoben. Im Gegenzug hob sich der südliche Rand der eurasischen Landmasse durch die unter ihr liegende massive indische Schicht. Das war die Geburtsstunde des Himalaya.

Man bedenke, wie die Erde vor dem Zusammentreiben Indiens mit Europa und Asien aussah. Die beiden Kontinente waren durch einen Ozean voneinander getrennt. Was geschah mit diesem Ozean? Seit dem Paläozoikum vor einigen hundert Millionen Jahren hatten sich viele Sedimentschichten auf dem Grund des Meeres, das den Namen Tethys trägt, abgelagert. Als die Kontinente aufeinanderstießen und damit das Meer zurückdrängten, wurde auf dem Meeresgrund lagerndes Material stark zusammengepreßt.

Die verschiedenen Sedimentschichten

Und damit nicht genug: Die Sedimentschichten, die flach auf dem Grund der Tethys gelegen hatten, wurden bei dem Zusammenprall gekippt, auseinandergerissen und nach oben geschoben. So entstand der Himalaya.

Die berühmteste dieser Sedimentschichten ist das sogenannte Gelbe Band, das den oberen Teil der Südwestflanke des Mount Everest diagonal durchzieht. Über diesem Streifen aus gelblichem Kalkstein wurde in einer Schicht nahe des Gipfels vom Mount Everest die Versteinerung einer Seelilie gefunden, die vor 500 Millionen Jahren auf dem flachen Meeresboden heimisch war. Somit ist das Gelbe Band in 8000 Meter Höhe ein unmißverständliches Zeichen dafür, daß der gesamte Himalaya einst nichts anderes als ein Meeresboden war.

Im Himalaya findet man schwarze und weiße Berge. Die Spitzen der schwarzen Berge gehen auf Schichten zurück, die einmal dem Grund der Tethys angehörten. Bei den weißen Bergen dagegen wurden die oberen schwarzen Schichten abgetragen, wobei plutonisches Gestein wie Granit, das sich zuunterst befunden hatte, zum Vorschein kam. Selbst die untere Hälfte der Südwestflanke des Mount Everest besteht aus weißlichem Granit.

Die Berge, deren Gipfel aus dem Grund der Tethys geformt wurden, erkennt man an den hübschen Streifenmustern, die diagonal über die Bergseite laufen.

In diesem Buch werden solche Phänomene am besten am Beispiel des Gyachung Kang im Khumbu Himal anschaulich. Ebenso zeigt sich beim Putha Hiunchuli und Churen Himal im Dhaulagiri Himal deutlich, daß sich der ganze Berg aus einzelnen Schichten zusammensetzt. Da sich Indien vom Süden her näherte, wurden die ursprünglich horizontalen Schichten auf der südlichen Seite angehoben und in Richtung Norden gekippt, um irgendwann in das tibetische Hochplateau überzugehen.

Als sich der Himalaya erhob, wurde plutonisches Gestein wie beispielsweise Granit vom tiefen Untergrund emporgehoben. Die meisten Gesteinsarten änderten unter der Einwirkung sehr starker Hitze und dem enormen Druck ihre Eigenschaften und verwandelten sich zu sogenanntem metamorphem Gestein. Einige hohe Gipfel wie der Kantschendzönga, der Makalu und der Manaslu bestehen bis oben hin aus diesem weißen Gestein.

Es ist erstaunlich, daß der höchste von ihnen, der Everest, dennoch schwarze Meeresgrundschichten nahe des Gipfels aufweist, während sich diese von niedrigeren Gipfeln gänzlich gelöst haben. Eindeutig liegt in diesem Felsen ein großes Kapitel der Erdgeschichte begraben.

Die einzelnen Himalaya-Ketten

Diese Photosammlung beschäftigt sich mit den gewaltigen Gipfeln des Nepal-Himalaya, der sich im Mittelteil des Großen Himalaya von Osten nach Westen erstreckt. Im folgenden wollen wir uns diesen Bergketten in der Reihenfolge der abgebildeten Photos zuwenden.

Die Kantschendzönga-Kette

Diese Bergkette liegt am östlichen Ende des Nepal-Himalaya an der Grenze zu Indien und Sikkim. Ihren Mittelpunkt bildet der Kantschendzönga. Er ist der dritthöchste Berg der Welt.

Die großartige Sicht auf den Kantschendzönga von Darjeeling aus, das am Fuß dieser Bergkette auf der Seite in Sikkim liegt, ist seit jeher ein beliebtes Motiv für Maler und Photografen. Im 19. Jahrhundert hat man sogar angenommen, daß der Kantschendzönga der höchste Berg der Welt sei.

Die Bergkette besteht aus einer ostwestlichen Kammlinie entlang der Grenze zwischen Tibet und Nepal und einer nordsüdlichen entlang der Grenze zwischen Nepal und Indien. Der Tamur-Strom, der von diesen beiden langen Gebirgskämmen gesäumt wird, hat vier Nebenarme und entwässert eine breite Wasserscheide.

Die beiden Gebirgskämme kreuzen sich am Jongsang-Gipfel, einer Dreiländerspitze, an der Tibet, Nepal und Indien aufeinandertreffen. Der nordsüdliche Kamm verläuft über den Tent-Gipfel und die »Zwillinge« weiter zum Kantschendzönga und setzt sich dann zum Talung-Gipfel und zum Kabru fort. Dieser lange Grat wird Singalila-Kamm genannt. Der charakteristische Jannu-Gipfel bildet einen Seitengrat zur nepalischen Seite, während Siniolchu den Hauptgipfel der indischen Seite darstellt.

Der Khumbu Himal und der Rolwaling Himal

Einige der höchsten Gipfel, darunter der höchste Berg der Welt, der Mount Everest, der auf der tibetischen Seite Chomolungma und auf der nepalischen Seite Sagarmatha genannt wird, ferner der Lhotse und der Makalu, konzentrieren sich im Khumbu Himal.

Der Khumbu Himal wird vom Kantschendzönga Himal gleich zweifach getrennt: zum einen durch die tiefe Schlucht des Flusses Arun, der in nordsüdlicher Richtung durch den Himalaya verläuft, und zum anderen durch den Rolwaling Himal beim Dudh Kosi, der mehrere Hauptgletscher des Khumbu Himal entwässert. Der Gebirgskamm entlang der nepalisch-tibetischen Grenze verläuft in westöstlicher Richtung vom Cho Oyu und Gyachung Kang über Pumori zum Everest und dann weiter über den Südcol zum Lhotse. Vom Lhotse aus setzt sich ein hoher Gebirgskamm weiter östlich zum Makalu fort.

Im Süden dieser beiden höchsten Gebirgskämme der Welt erstreckt sich ein nordsüdlicher Kamm, der mehrere Siebentausender zusammenfaßt, darunter den Ama Dablam, Kantega, Baruntse und Chamlang.

Der Rolwaling Himal oberhalb der Schlucht des Dudh Kosi weist lediglich zwei Gipfel auf, die die Siebentausendergrenze überragen: den Gaurisankar und den Menlungtse. Man könnte ihn als den Beginn einer Bergkette betrachten, die bis zum Khumbu Himal hinaufführt. Nach Westen hin wird der Rolwaling Himal durch die Schlucht des Bhote Kosi begrenzt. Bevor man den Langtang Himal erreicht, muß man noch die tiefe Schlucht des Sun Kosi überqueren

Der Langtang Himal und der Ganesh Himal

Das Langtang-Tal bildet ein östliches Nebental zum Tal des in Tibet entspringenden Trisuli-Flusses. Das Tal endet »blind«, von Sechs- und Siebentausendern umgeben, die den Langtang Himal bilden. Der Shisha Pangma befindet sich jedoch, ein wenig von der übrigen Bergkette abgesetzt, bereits in Tibet, auf der anderen Seite der Grenze.

Der Hauptkamm, dem der Langtang Lirun und der Langtang Ri angehören, verläuft entlang der Grenze zwischen Nepal und Tibet. Vom Hagen's-Col, von dem aus sich eine Nahansicht des Shisha Pangma bietet, verläuft dieser Kamm südlich zum Lönpo Gang (Großer Weißer Gipfel) und von dort weiter in südöstlicher Richtung zum Phurbi Chyachu. Dieser Kamm wird auch Jugar Himal genannt.

Zum Westen hin, über den Trisuli-Fluß hinweg, liegt zwischen diesem und der Schlucht des Burhi Gandaki der Ganesh Himal, der in etwa in nordsüdlicher Richtung verläuft.

Der Manaslu Himal

Diese Bergkette wird vom Ganesh Himal durch die Schlucht des Burhi Gandak und vom Annapurna Himal durch die Schlucht des Marsyandi getrennt. Sie besteht aus einer hochgelegenen Kammlinie mit nordsüdlichem Verlauf, an der sich der Manaslu, Peak 29 und der Himal Chuli befinden.

Wenn man mit dem Bus von Kathmandu nach Pokhara fährt, erkennt man aus dem Fenster blickend zur Rechten die drei Hauptgipfel des Manaslu Himal, deren Silhouetten sich dem wechselnden Blickwinkel entsprechend verändern.

Der Annapurna Himal

Diese langgestreckte Bergkette verläuft in ostwestlicher Richtung und wird im Osten durch die Schlucht des Marsyandi und im Westen durch die Schlucht des Kali Gandaki begrenzt. Der Anblick des Annapurna Himal von Pokhara am Fuß der Bergkette aus, gehört mit zu den großartigsten Ausblicken in der Bergwelt überhaupt. Überwältigend zieht die hochgelegene Kammlinie vom Annapurna-Südgipfel über die steile Südwand der Annapurna I hinweg zur Annapurna III und Annapurna II. Und als ob es damit nicht schon genug wäre, ragt im Vordergrund der matterhornähnliche Gipfel des Machhapuchhare auf.

Der Dhaulagiri Himal

Diese Bergkette wird vom Annapurna Himal durch die Schlucht des Kali Gandaki, der tiefsten des Himalaya, getrennt. Der Hauptkamm verläuft in nordsüdlicher Richtung parallel zum Kali Gandaki vom Tukuche-Gipfel im Norden zum Dhaulagiri I im Süden. Ein anderer Grat verläuft westlich vom Tukuche-Gipfel über den Französischen Paß und dann weiter über den Dhaulagiri I und V zum Putha Hiunchuli.

Dhaulagiri bedeutet im Sanskrit »weißer Berg«. Der Anblick seines weißen Gipfels von Pokhara aus ist eindrucksvoll. Vom geologischen Standpunkt aus betrachtet handelt es sich allerdings um einen der schwarzen Berge mit Streifenmuster.

Yugo Ono

Ein Flug über den Himalaya

Photographieren aus der Luft

Ich erwachte um drei Uhr morgens. Es war stockfinster, sowohl drinnen als auch draußen. Die Managerin des Hotels Everest View, Frau Machiko Tajika, war bereits auf. Der Mechaniker, B.K. Shrestha, trat grinsend aus seinem Zimmer. Ich bat Frau Machiko, den Captain aufzuwecken, um gleich darauf im Schein einer Taschenlampe mit Herrn Shrestha zur Landebahn zu eilen. Nach einer halben Stunde tauchte die weiße Silhouette des Flugzeugs, das am Ende der Landebahn abgestellt war, zwischen den Bäumen auf. Erleichtert atmeten wir auf.

Gemeinsam entfernten wir die Seile, durch die die Flügel festgehalten wurden, kontrollierten das Flugzeug und wischten den Morgentau von den Scheiben. Während wir damit beschäftigt waren, die Maschine startklar zu machen, hellte sich der Himmel allmählich auf, so daß wir unsere Taschenlampen nicht mehr brauchten. Bald trafen Captain Duan und Machiko ein und begannen ihren Kontrollrundgang. Der Photokoffer wurde am Sitz befestigt, Flugkarte, Computer, Filme, Lichtfilter und das Säuberungsspray an den gewohnten Stellen verstaut. Selbst Kleinigkeiten wie Gummibänder und Stifte dürfen nicht vergessen werden.

Über der Startbahn wurde es allmählich heller. In Nepal ist das Starten erst nach Sonnenaufgang gestattet, obwohl gerade diese spezielle Startbahn morgens noch lange im Schatten von Tamserku liegt. Als es endlich soweit war, daß ich dem Captain Startbefehl geben konnte, lenkte dieser das Flugzeug auf der geneigten Startbahn geradewegs auf Tamserku zu. Nach dem Start drehten wir in Richtung Süden ab und gewannen bald an Höhe. Dann flogen wir nach links und stiegen noch weiter über die Khumbu-Berge hoch. Weit weg von Baruntse waren der Everest und der Makalu ins Licht des Sonnenaufgangs getaucht; am Everest hing eine Schneefahne – ein Zeichen für starken Westwind in den oberen Luftschichten – ein großartiger Anblick.

Ich sagte dem Captain, daß ich gerne noch höher steigen würde und näher heran wollte, doch war er dagegen, und wir drehten nun leicht nach links ab. Weiterhochzusteigen hätte bedeutet, sich dem Westwind auszusetzen, während es unter uns eine Turbulenz gab. Trotzdem war ich überglücklich, die Khumbu-Berge erreicht zu haben. Kathmandu dürfte wohl noch im Nebel liegen, was einen Start unmöglich gemacht hätte. Wir bewegten uns in einer dünnen Luftschicht zwischen zwei Windströmungen und sahen hinunter auf die glühenden Gipfel der Khumbu-Berge.

Luftaufnahmen zur Expeditionsvorbereitung

Lange Zeit war ich der Überzeugung, daß die innere Zufriedenheit, die man aus dem Bergsteigen für sich gewinnt, zu einem großen Teil von den Schwierigkeiten herrührt, den Gipfel zu Fuß zu ersteigen. Diese Genugtuung ist umso größer, wenn der Aufstieg außer Sichtweite der meisten Leute stattfindet und besonders schwierig ist. Warum also ging ich dazu über, den »Thron der Götter« aus der Luft zu photographieren?

Im April 1960 saß ich mit einer Expedition des Alpinen Clubs Himal Chuli der Keio Universität am Flughafen von Pokhara in unseren Zelten, wo wir das Eintreffen unserer Vorräte erwarteten. Zur selben Zeit bediente sich eine Schweizer Expedition zum Dhaulagiri einer Pilatus-Porter-Maschine namens »Yeti«, um ihre Vorräte zum 5200 Meter hochgelegenen Dhampus-Paß nördlich des Dhaulagiri zu transportieren. An die Vorstellung gewohnt, daß Berge üblicherweise zu Fuß bestiegen werden, hinterließ diese erste Begegnung mit dem Einsatz von Flugzeugen im Gebirge bei mir einen bleibenden Eindruck. Zu dieser Zeit ahnte ich noch nicht, daß ich eines Tages selbst mehrfach mit einem der jungen Piloten, Emil Wick, der mit dem Schnee, den er vom Dhampus-Paß mit herunterbrachte, seine Cocktails kühlte, fliegen würde.

Nach dieser Expedition machte ich von Hand grobe Skizzen von Luftaufnahmen, die die Survey of India für uns angefertigt hatte, damit sie uns bei der Expedition die Orientierung erleichtern. Unter diesen Aufnahmen befanden sich sowohl Photographien, die ich selbst während der Expedition gemacht hatte, als auch von anderen Expeditionen ausgeliehene – alles in allem mehrere tausend. Außerdem fertigte ich mit Hilfe der Experten vom Japanischen Geografischen Vermessungsinstituts eine topographische Karte von dem Gebiet rund um Himal Chuli an. Ich war beeindruckt, wie sehr diese Luftaufnahmen die Expeditionsvorbereitung erleichterten.

Als der japanische Alpenclub 1970 einen Vorstoß auf die Südwestflanke des Mount Everest plante, schlug ich vor, die Lage mit Hilfe von Luftaufnahmen zu erkunden. Daraufhin wurden zwar in Japan einzelne Tests durchgeführt, doch wurde die von mir vorgeschlagene Aktion in letzter Minute abgeblasen. Dies war insofern besonders enttäuschend, als ich gehofft hatte, der Beobachtungsflug könne zu einem erfolgreichen Aufstieg beitragen. Nach Abschluß der Expedition führte ich meinen Plan auf eigene Faust durch. Wie erwartet, verlief der Erkundungsflug reibungslos. Das Ergebnis verstärkte mein Vertrauen in die Bedeutung von Luftaufnahmen für die Kenntnis der Berge, wobei ich insbesondere den dreidimensionalen Seitenaufnahmen von extrem steilen Flanken einen hohen Stellenwert beimaß.

Dummerweise war ich danach gezwungen, mich in die Arbeit zu stürzen, so daß das Bergsteigen im Himalayagebiet allmählich immer weniger Bestandteil meines Alltags wurde. Dennoch nutzte ich meine Kurzurlaube, um in den Nepal zu reisen und aus der Luft nach potentiellen Neutouren zu suchen. Noch bevor ich mir dessen bewußt wurde, nahm mich die Schönheit der Berge, aus der Vogelperspektive betrachtet und in Luftaufnahmen festgehalten, völlig gefangen.

Vorstoß in unberührte Welten

Unvermessene Gipfel und Wände zu sehen, noch vor jedem anderen eine völlig unbekannte Welt wahrzunehmen. Dann zu wissen, daß die eigenen Photos zum Erfolg eines anderen beigetragen haben. Wenn auch die Genugtuung darüber ausbleibt, sich selbst den Berg erobert zu haben, liegt der Reiz von Luftaufnahmen darin, gewissermaßen die Rolle eines Wegbereiters zu übernehmen, durch dessen Einsatz andere angespornt werden.

Da ein Flugzeug über einen bestimmten Punkt sehr schnell hinwegfliegt, ist das, was man mit bloßem Auge erkennen und sich in Erinnerung rufen kann, recht begrenzt, während ein Photo jede Menge Informationen einfängt. Die Entdeckungsreisen, die man anschließend beim genauen Studium der Photos unternimmt, kommen fast an den Erlebniswert einer echten Tour heran.

Um die in einer Photographie enthaltene Informationsdichte zu erhöhen, verwende ich einen Film mittleren Formats (220) und habe mir meine eigenen Aeromax-615-Panoramakameras gebaut, mit denen man bei einem 6x15-cm-Negativ oder Dia ein dem menschlichen Augenpaar in etwa vergleichbares seitliches Blickfeld erhält. Später brachten Linhof und Fuji Photo Film zwar spezielle Panoramakameras auf den Markt, die jedoch von der Qualität her nicht mit meinen Eigenkonstruktionen mithalten können.

Natürlich gingen mir bei der Herstellung dieser Kameras viele Experten zur Hand. So wurden die Linsen eigens ausgewählt, nachdem eine Vielzahl von möglichen Gläsern mit Hilfe von Yotaro Kobayashi von Fuji Xerox Co., Ltd. und Yasuo Honda von Fuji Photo Optical Co., Ltd. getestet worden waren. Der inzwischen verstorbene Kentaro Hattori von Hattori Seiko Co., Ltd. war mit dem speziellen Hochleistungsverschluß behilflich. Ein Freund, Nobuji Iida, übernahm die maschinelle Feinbearbeitung an der Drehbank. Insgesamt habe ich acht Kameras hergestellt, wobei ich die meisten meiner Photos mit drei dieser Kameras machte, die mit einer 90-, einer 125- und einer 150-Millimeter-Focuslinse ausgestattet waren.

Das Photographieren aus der Luft gestattet hinsichtlich der Wahl des Winkels, von dem aus ein Berg anvisiert wird, ein größeres Maß an Freiheit als die herkömmliche Photographie. Andererseits ist der Erfolg völlig abhängig vom Wetter und von der Flugtechnik. Man muß die minimalsten Windbewegungen mitberücksichtigen und dann das Flugzeug an den gewünschten Ort, in die richtige Höhe und in den angestrebten Winkel manövrieren.

Gott sei Dank habe ich bei meiner Pilotenausbildung gelernt, mit leichten Flugzeugen umzugehen. Doch abgesehen davon brauche ich immer noch eine geeignete Maschine, außerdem einen erfahrenen Piloten und Sauerstoff. In Nepal kommt es oft genug vor, daß mindestens einer dieser Faktoren nicht erfüllt ist. Zwischen 1971 und 1983 flog ich des öfteren mit Captain Wick in einer Pilatus-Porter-PC-6 mit Turboantrieb. Einmal stiegen wir auf 9000 Meter Höhe ohne genügend Sauerstoff. Hinterher war die PC-6 aufgrund eines Unfalls und mechanischer Störungen nicht mehr zu gebrauchen. Ich versuchte es mehrmals mit einer Twin Otter, doch stieg sie nicht gut genug. So mußte ich mich eine Weile damit begnügen, die Gebirge Japans und der Schweiz zu photographieren, bis endlich ein geeignetes Flugzeug gefunden war.

Erst später, als Takashi Miyahara vom Himalaya Kanko Kaihatsu (»Tourismusentwicklung«) Co., Ltd. auf meine Veranlassung hin die PC-6 endlich repariert hatte und somit die Maschine im Herbst 1990 wieder einsatzfähig war, entschloß ich mich letztendlich zu einer photographischen Erfassung per Luftaufnahme des gesamten Nepal-Himalaya.

Eine Wissenschaft für sich

Der Himalaya ist hoch und weit. Aus diesem Grund unterscheidet sich die Art des Fliegens, die dort für Luftaufnahmen notwendig ist, von der in Japan und Europa. Dort weiß man recht genau, was einen erwartet; man kann starten und dann, nach und nach, die Motive auswählen. Im Himalaya dagegen muß man, um sich dem gewünschten Motiv unter den günstigsten Voraussetzungen zu nähern, bereits im Vorfeld sehr genaue Überlegungen hinsichtlich der Witterung, der Distanz, der Zeit und des Lichtwinkels anstellen. Man kann nicht länger als maximal 3½ Stunden am Stück fliegen; die Flughöhe ist auf maximal 1000 Meter oberhalb der Bergspitzen begrenzt; Wind, niedrige Temperaturen und Sauerstoffmangel bereiten sowohl der Maschine und den Kameras als auch der Besatzung Schwierigkeiten. Zu viele schwerwiegende Störfaktoren müssen miteinkalkuliert werden, für die jedoch stets eine passende Lösung gefunden werden muß, um das Ziel nicht aus den Augen zu verlieren. Im Grunde sind es genau diese Unwägbarkeiten, die einen erheblichen Teil des Vergnügens ausmachen.

Für die Bergregionen in Nepal sind Informationen über das Wetter kaum verfügbar. Daher ist man, selbst wenn zuvor ein Plan erarbeitet wurde, letztendlich auf seine eigenen fünf Sinne angewiesen, um den Flug zu bewältigen. Ist man hohen Bergen und starkem Wind ausgesetzt und sind keine Wolken am Himmel, muß man dennoch versuchen, die Turbulenz auszumachen. Obwohl ich ein erfahrener Pilot bin, bin auch ich einmal in eine Turbulenz hineingeflogen.

Ich flog über den Rolwaling-Himalaya, sah eine wunderschöne Felswand zu meiner Rechten und richtete meine Maschine so aus, daß ich mich der Wand mit Fallwind nähern konnte. Doch kaum hatte ich meinen Sicherheitsgurt gelöst, um mir mehr Bewegungsfreiheit zu verschaffen, wurde das Flugzeug von furchtbaren Luftturbulenzen erschüttert. Schnell stützte ich mich mit einer Hand gegen die Decke, während ich mich mit der anderen an der Kamera festhielt. In schwindelerregender Abfolge tauchten abwechselnd Himmel und Tal vor meinen Augen auf. Mein Belichtungsmesser schwebte mir vor dem Gesicht. Bonbons, die in einer Schachtel aufbewahrt gewesen waren, wurden durch die Luft geschleudert. Während ich verzweifelt gegen die Erschütterungen ankämpfte, die das Flugzeug stoßweise erfaßten, sank es um 3000 Meter, bis es endlich der Turbulenz entkam. Um ein Haar wäre es an einem Gletscher zerschellt. Wir flogen geradewegs zurück zum Flughafen von Syangboche. Endlich heil gelandet, brachen Captain Shresta und ich in schallendes Gelächter aus. Er betrachtete das ganze mit Galgenhumor: »Nachher ist alles halb so schlimm!«. Gelegentlich bekam ich solch eine Schelte von den Göttern des Himalaya zu hören.

Die Liste der Probleme, mit denen ich zu tun hatte, ist lang. Ich war Sauerstoffmangel ausgesetzt, um genug für den Piloten übrigzubehalten; als wir sehr hoch gestiegen waren, froren die Kontrollinstrumente ein, worauf das Flugzeug rasch sank; der schnell wechselnde Luftdruck verursachte heftige Ohrenschmerzen; als ich einmal dabei war, mich dem Everest zu nähern, mußte ich umkehren, weil die Maschine fehlzündete; während des Rückflugs zeigte die rote Warnlampe an, daß der Benzinfilter verstopft sei, so daß ich gezwungen war, die Tankanzeige unentwegt zu beobachten, um abzuschätzen, ob wir es bis Kathmandu schaffen würden. Einmal fiel des Nachts Schnee. Die frisch verschneiten Gipfel wären besonders schön zu photographieren gewesen, doch als wir das Flugzeug endlich vom Schnee befreit hatten, war keine Zeit mehr für den Flug. Ein anderes Mal nutzte ich meinen Urlaub bis zum Ende zum Fliegen aus. Als ich in Kathmandu ankam, stand mein Rückflug bereits auf der Startbahn; rasch mußte ich mich in dem kleinen Flugzeug umziehen und sofort in die größere Maschine umsteigen.

Die Berge aus der Luft zu betrachten, scheint ganz leicht zu sein, doch Schwierigkeiten wie die gerade beschriebenen treten ständig auf. Aus diesem Grunde reichen der Ernst, aber auch der Spaß und das Gefühl von Erfüllung, die bei Aufnahmen aus der Luft mit im Spiel sind, durchaus an das Erlebnis des Bergsteigens heran.

Der Himalaya ist eine Art zweites Zuhause für mich. Seine Berge überragen wie eine Mutter, in deren Armen ich eines Tages geborgen sein möchte, eine Welt, in der sich Licht und Schatten zu majestätischen Mustern verweben. Ein flüchtiger Blick auch nur auf einen Teil dieser erhabenen Welt weckt in mir ein unbeschreibliches Gefühl tiefster Zufriedenheit. Und immer noch gibt es Gipfel und Wände, die ich nicht gesehen habe, und die auf mich warten. Ob ich sie jemals alle sehen werde?

Koichiro Ohmori

Bilderklärungen

von Yugo Ono

Technische Ausrüstung

Kamera	Aeromax 615 (handgefertigt)
	Entfernungseinstellung ∞
Objektive	Fujinon W150, 125 mm
	Fujinon SW105 mm
	Fujinon SW90 mm
Verschluß	Seiko No. 0, umgebaut
Filter	Skylight SL, 1B, ND2, Mittelfilter CF
Filme	EPD, RDP, EH
Belichtungsmesser	Minolta Spot meter M
Flugzeuge	Pilatus Porter PC-6
	Twin Otter
Hubschrauber	Alouette III

1 Die Jannu-Südwand von Südwesten
① Jannu, 7710 m
② Jongsang Peak, 7483 m
③ Yalung Kang (Kantschendzönga-Westgipfel), 8505 m
④ Kantschendzönga-Hauptgipfel, 8586 m
⑤ Yamatari-Gletscher
⑥ Jannu-Südgrat

Die Erstbesteigung des Jannu gelang einer französischen Expedition unter der Leitung von Lionel Terray am 27. April 1962. Die Route führte vom Yamatari-Gletscher hinauf zu einem Seitengletscher, dann vom terrassenartigen oberen Abschluß des Gletschers, den diese Aufnahme zeigt, weiter zum rechten Südgrat.

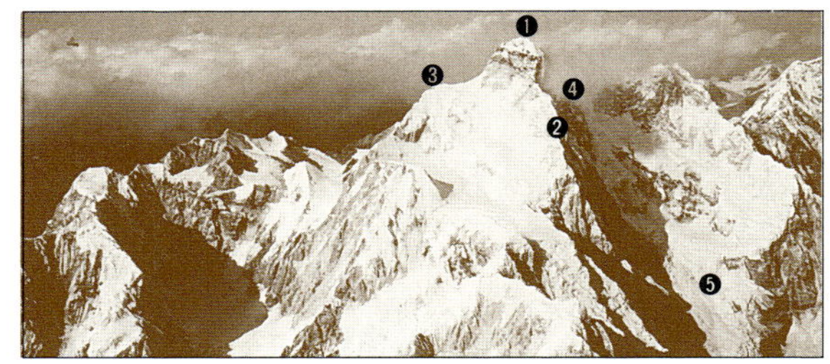

2 Der Jannu von Südwesten
① Jannu, 7710 m
② Jannu-Südgrat
③ Jannu-Südwestgrat
④ Jannu-Ostwand
⑤ Seitenzweig des Yalung-Gletschers

1978 versuchte eine englische Expedition unter der Leitung von R. Carrington, die Ostwand vom Seitenarm des Yalung-Gletschers aus zu besteigen, kehrte jedoch in 6500 m Höhe um.
Den zweiten Anlauf nahm die Mannschaft vom Yamatari-Gletscher aus, wobei ihr ohne Sauerstoffgeräte, Zelte oder Sherpas die vierte Besteigung des Jannu über die französische Route in nur fünf Tagen glückte.

3 Jannu und Kantschendzönga, von Westen.
① Jannu, 7710 m
② Jannu-Nordwand
③ Jannu-Südwestgrat
④ Jannu-Ostgrat
⑤ Kambachen, 7902 m
⑥ Yalung Kang (Kantschendzönga-Westgipfel), 8505 m
⑦ Kantschendzönga, 8586 m
⑧ Kantschendzönga-Mittelgipfel, 8482 m
⑨ Kantschendzönga-Südgipfel, 8476 m

Die Jannu-Nordwand gehört zu den schwierigsten Wänden im Himalaya. Sie wurde erstmals 1976 von einer von Masatsugu Konishi angeführten Sanganku Doshi Kai-Expedition bezwungen.

4 *Der Kantschendzönga von Südwesten oberhalb des Yalung-Gletschers*
① Kambachen, 7902 m
② Yalung Kang (Kantschendzönga-Westgipfel), 8505 m
③ Kantschendzönga-Hauptgipfel, 8586 m
④ Kantschendzönga-Mittelgipfel, 8482 m
⑤ Kantschendzönga-Südgipfel, 8476 m
⑥ Das große Plateau unter dem Gipfel
Der Hauptgipfel des Kantschendzönga wurde erstmalig 1955 durch eine britische Expedition unter der Leitung C. Evans bezwungen.

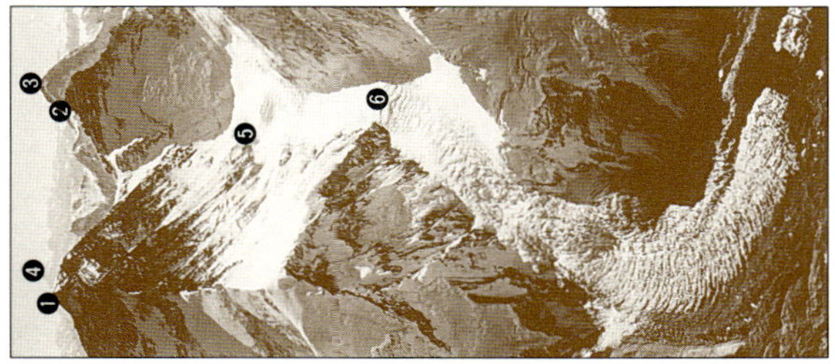

7 *Der Everest und der Khumbu-Gletscher von Westnordwesten*
① Everest, 8848 m
② Lhotse, 8516 m
③ Makalu, 8463 m
④ Kantschendzönga, 8586 m
⑤ Der Gletscherkessel unter dem Südsattel (»Western Cwm«)
⑥ Khumbu-Eisbruch
Die Route, über die der Everest 1953 erstmalig von einer durch J. Hunt geleiteten britischen Expedition bestiegen wurde, führte direkt zum Khumbu-Eisfall hinauf und von dort weiter durch den »Western Cwm« über den Südcol und den Südostgrat hinauf zum Gipfel.

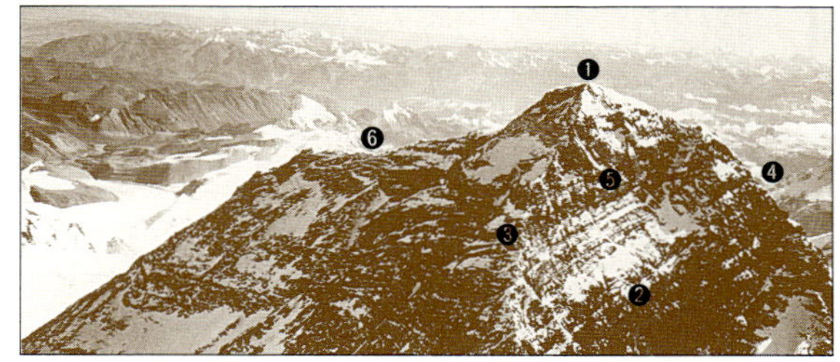

10 *Die Südwestwand und der Gipfelbereich des Everest von Westnordwesten*
① Everest, 8848 m
② Everest-Südwestwand
③ Everest-Westgrat
④ Everest-Südostgrat
⑤ Das Gelbe Band
⑥ Everest-Nordostgrat
Der Nordostgrat ist die Route, über die sieben britische Expeditionen zwischen 1921 und 1938 die Erstbesteigung des Everest versuchten. Sie gelang erst 1960 einer chinesischen Expedition. Die Ära der Big-Wall-Kletterei im Himalaya begann an der Everest-Südwestwand, die erstmalig 1975 eine britische Expedition unter C. Bonington durchstieg.

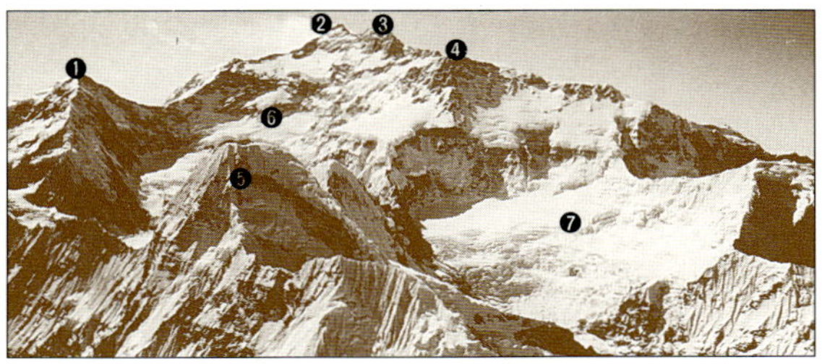

5 *Der Kantschendzönga von Nordwesten*
① Die Twins (Zwillinge), 7350 m
② Kantschendzönga, 8586 m
③ Yalung Kang (Kantschendzönga-Westgipfel), 8505 m
④ Kambachen, 7902 m
⑤ White Wave (Die Weiße Woge), 6960 m
⑥ Kantschendzönga-Nordwand
⑦ Jannu-Gletscher
Den ersten Vorstoß über die Nordwand-Route wagte 1930 eine internationale Expedition unter G. O. Dyhrenfurth, die eine Lavine zur Rückkehr zwang. Erst 1980 gelang einer Sangaku Doshi Kai-Expedition unter Masatsugu Konishi die erfolgreiche Begehung.

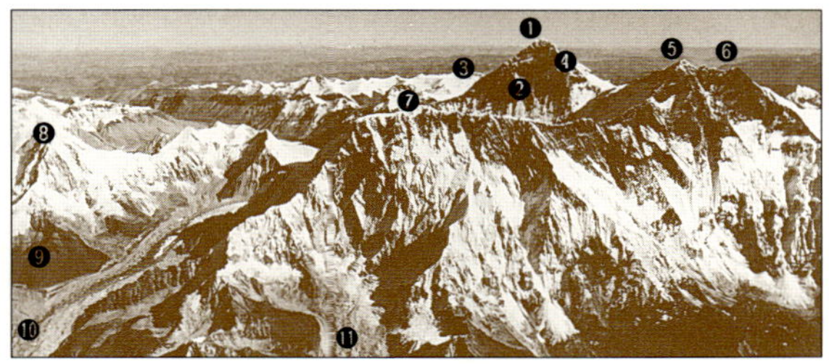

8 *Der Everest und die Berge der Umgebung von Süden*
① Everest, 8848 m
② Everest-Südwestwand
③ Everest-Westgrat
④ Everest-Südostgrat
⑤ Lhotse, 8516 m
⑥ Lhotse Shar, 8400 m
⑦ Nuptse, 7855 m
⑧ Pumo Ri, 7161 m
⑨ Kala Pattar, 5545 m
⑩ Khumbu-Gletscher
⑪ Nuptse-Gletscher
Das Photo gibt eine Frontalansicht der großen Lhotse-Nuptse-Barriere südlich des Mount Everest wider. Die Südwand des Lhotse, rechts, wurde erstmalig 1990 von Tomo Cesen aus Slovenien im Alleingang durchstiegen.

11 *Die Ostseiten von Everest (links) und Makalu, 8463 m, von Südosten*
① Everest, 8848 m
② Lhotse, 8516 m
③ Everest-Ostwand
④ Makalu, 8463 m
⑤ Chomo Lonzo, 7790 m
⑥ Makalu-Südostgrat
⑦ Makalu-Nordostgrat
Wie stark die Flanken des Makalu durch Gletscher zerfräst wurden, zeigt dieses Photo sehr deutlich. Die Everest-Ostwand ist eine Eiswand, die den obersten Aufschwung des Kangshung-Gletschers bildet. Sie wurde zum ersten Mal 1983 durch eine von James Morrisey angeführte amerikanische Expedition durchstiegen.

6 *Der Jongsang Peak von Süden*
① Jongsang Peak, 7483 m
② Ausläufer, 7090 m
③ Lashar II, 6860 m
Der Jongsang Peak befindet sich am Dreiländereck von Tibet, Nepal und Indien.
Die Erstbesteigung des ganz mit Gletschern bedeckten Berges gelang 1930 jener von G. O. Dyhrenfurth geleiteten internationalen Expedition, die auch als erste den Angriff auf die Kantschendzönga-Nordwand unternommen hatte. Nachdem sie vom Kantschendzönga abließ, überquerte die Mannschaft den Jongsang La, begab sich auf die Nordwestseite und bezwang den Jongsang Peak.

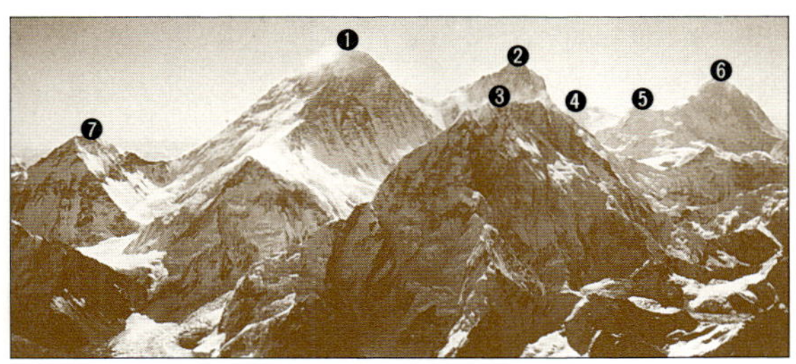

9 *Der Everest und die Berge der Umgebung von Westen*
① Everest, 8848 m
② Lhotse, 8516 m
③ Nuptse, 7855 m
④ Chomo Lonzo, 7790 m
⑤ Kangchungtse, 7678 m
⑥ Makalu, 8463 m
⑦ Changtse, 7553 m
Südlich des Everest, über dem Südcol, ragt der Lhotse-Südgipfel hervor. Der lange Grat, der sich vom Lhotse ausgehend nach Westen zieht, gipfelt im westlichen Nuptse. Der Lhotse wurde erstmalig 1956 durch eine von A. Eggler angeführte Schweizer Expedition, und der Nuptse 1961 durch eine britische unter der Leitung von J. Walmsley bestiegen.

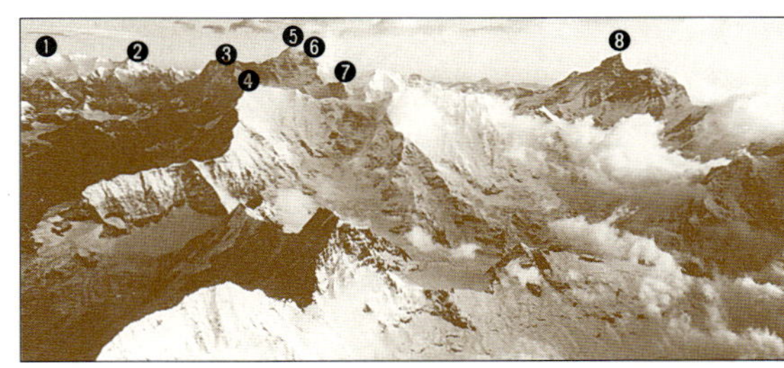

12 *Die Ostseiten von Everest und Makalu von Süden*
① Cho Oyu, 8201 m
② Gyachung Kang, 7952 m
③ Nuptse, 7855 m
④ Chamlang, 7319 m
⑤ Everest, 8848 m
⑥ Lhotse, 8516 m
⑦ Baruntse, 7129 m
⑧ Makalu, 8463 m
Chamlang, zwischen dessen langen Kämmen sich die Quelle des Iswa-Gletschers bettet, meint auf Tibetisch »großer flatternder Vogel«. 1962 gelang einer Expedition der Hokkaido Universität unter der Leitung Seiki Nakanos die Erstbesteigung über den Südgrat (der lange Grat, der sich bis in den Vordergrund links hinzieht).

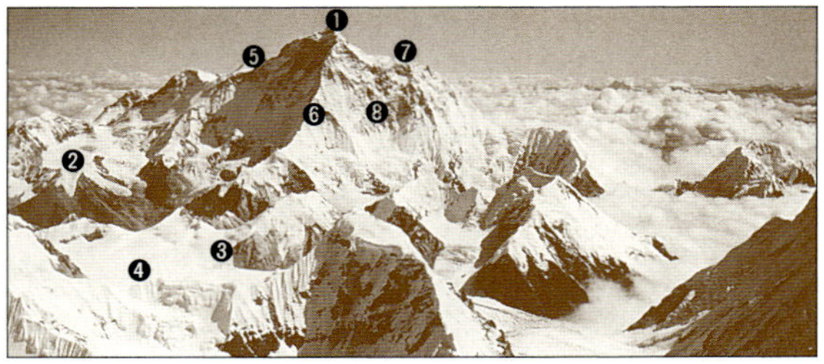

13 Der Makalu von Südwesten
① Makalu, 8463 m
② Chago-Gletscher
③ Sherpani-Sattel
④ Unterer Barun-Gletscher
⑤ Makalu-Nordwestgrat
⑥ Makalu-Westgrat
⑦ Makalu-Südostgrat
⑧ Makalu-Südwand
Den Makalu bestieg erstmals 1955 eine von J. Franco geführte französische Expedition über den Nordwestgrat. 1970 bezwang die von Makoto Hara geleitete japanische Expedition den Südostgrat. Der Westgrat wurde 1970 durch eine französische Expedition unter R. Paragot erstbegangen, die Südwand 1975 von einer jugoslawischen Gruppe unter A. Kunaver.

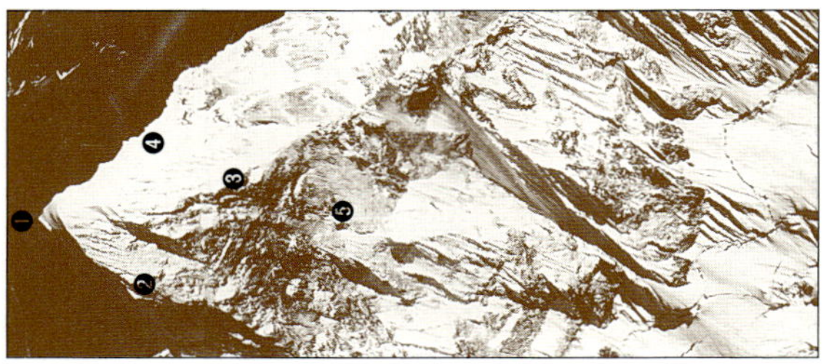

14 Die Ama Dablam von Nordwesten
① Ama Dablam, 6812 m
② Ama Dablam-Nord-(Nordost-)grat
③ Ama Dablam-Nordwestgrat
④ Ama Dablam-Südwestgrat
⑤ Ama Dablam-Nordwestwand
Die Ama Dablam (ama = Mutter; dablam = Halsschmuck) wurde 1961 über den Südwestgrat durch eine Expedition aus Neuseeland unter der Führung von E. Hillary erstbestiegen. Den Nord-(Nordost-)Grat bestieg erstmals 1979 eine französische Expedition unter R. Renaults. Den Nordwestgrat bestieg 1980 zum ersten Mal eine von K. Kato geführte Expedition aus Tokyo.

15 Die Ama Dablam und die Berge des Kumbu Himal von Nordosten
① Mera Peak, 6473 m
② Kusum Kangguru, 6367 m
③ Kantega, 6799 m
④ Tamserku, 6623 m
⑤ Karyolung, 6511 m
⑥ Numbur, 6957 m
⑦ Ama Dablam, 6812 m
⑧ Der Hunku-Nup-Gletscher
Die Ama Dablam ragt über der Südseite des Imja-Gletschers auf; hinter ihr werden der Kantaga und der Tamserku sichtbar. Die tiefe Schlucht des Dudh Kosi liegt unter den Wolken. Im Hintergrund sind die Berge des Rolwaling Himal, darunter der Numbur und Karyolung, zu erkennen.

16 Die Riffeleiswand eines namenlosen Gipfels, von östlich der Ama Dablam
① Namenloser Gipfel, 6340 m
② Hunku-Nup-Gletscher
③ Chhukhung-Gletscher
Die Eiswände der großen Gipfel des Himalaya weisen zahllose Furchen auf, die so aussehen, als seien sie mit einem Messer aus dem Stein herausgeschnitzt worden. Dieses Phänomen bezeichnet man als Riffelung.
Die geriffelten Hänge dürften durch Lawinen, starke Winde, niedrige Temperaturen und die Umformung des Schnees entstanden sein, die dann eintritt, wenn starkes Sonnenlicht auf eine verharschte Schneeoberfläche trifft.

17 Kantega und Tamserku von Südosten
① Tamserku, 6623 m
② Kantega, 6799 m
③ Khumjung Village
Ein Gletscher entsteht, indem sich Schneemassen ohne zu schmelzen solange anhäufen, bis sich unter dem Druck Eis bildet und zu fließen beginnt. In den überaus steilen Gebirgen des Himalaya gibt es auch Stellen, die einfach zu steil sind, als daß sich Schnee ansammeln könnte. Der Kantega wurde erstmalig 1963 durch eine Expedition aus Neuseeland unter der Führung E. Hillarys bestiegen; Hillary leitete auch eine neuseeländische Expedition zum Tamserku im Jahr darauf.

18 Gyachung Kang und Cho Oyu von Südosten
① Nangpai Gosum, der lange Grat auf der Südseite des Cho Oyu.
② Cho Oyu, 8201 m
③ Gyachung Kang, 7952 m
④ Nup La, 5985 m
⑤ Westlicher Rongbuk-Gletscher
⑥ Ngojumba Kang I, 7743 m
⑦ Ngojumba Kang II, 7646 m
⑧ Ngojumba-Gletscher
Den Cho Oyu (tibetisch »türkisfarbener Gott«) bestieg erstmalig 1954 eine dreiköpfige Gruppe aus Österreich unter H. Tichys. Die Erstbesteigung des Gyachung Kang gelang 1964 einer von K. Kohara geführten Expedition.

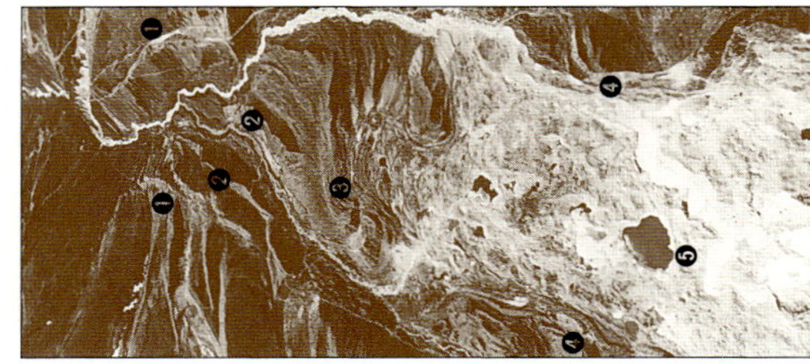

19 Die Zunge des Ngojumba-Gletschers und das Dudh Khosi
① Seitenmoräne; darüber eine Kharka (Sommerweide)
② Moräne jüngeren Datums
③ Steingletscher
④ Moräne jüngsten Datums
⑤ Gefrorener Gletscherteich zwischen Moränenschutt
Wenn sich ein Gletscher vorwärtsbewegt, schiebt er wie eine Planierraupe Steine vor sich her, die zu langen Banken aus Schutt, den sogenannten Moränen, abgelagert werden. Steine, die von den umliegenden Felsen herabfallen, bedecken die Gletscheroberfläche und sorgen für eine sehr unebene Geländeform.

20 Der Menlungtse von Süden
① Menlungtse-Hauptgipfel, 7181 m
② Menlungtse-Westgipfel, 7023 m
Der Menlungtse ist der höchste Gipfel des Rolwaling Himal. Der Westgipfel des Siebentausenders wurde erstmalig 1988 über die Westwand durch eine britische Expedition unter der Leitung von C. Bonington bezwungen. Die Erstbesteigung des Hauptgipfels gelang A. Stremfelj und M. Prezelj aus Slovenien im Herbst 1992 über die Südwestwand. Aus der Vogelperspektive dieser Aufnahme läßt sich sehr schön die Lage des Gletschers im Sattel zwischen den beiden Gipfeln erkennen.

21 Der Gauri Shankar von Südsüdwesten
① Gauri-Shankar-Hauptgipfel, 7134 m
② Gauri-Shankar-Südgipfel, 7010 m
Der Gauri Shankar befindet sich von Kathmandu aus gesehen in direkter Linie mit dem Mount Everest, weshalb er lange Zeit übersehen wurde. So fand seine Erstbesteigung erst 1979 durch eine amerikanisch-nepalische Gemeinschaftsexpedition unter A. Reads über die Westwand (auf dem Photo links hinter dem Gebirgskamm gelegen) statt. 1979 wurde auch erstmalig der Südgipfel durch eine britische Expedition unter P. Bordman erreicht.

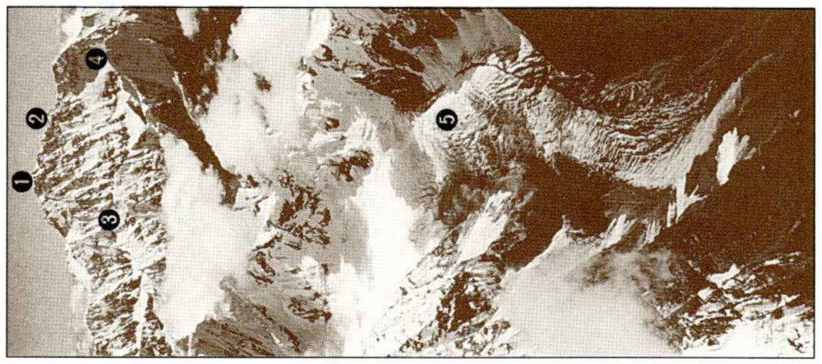

22 Die Shisha Pangma von Südwesten über dem Langtang-Tal
① Shisha Pangma, 8027 m
② Phola Gangchen, 7661 m
③ Goldum, 6447 m
④ Pemthang Ri, 6842 m
⑤ Sharbachum-Gletscher
Der Shisha Pangma, der niedrigste der Achttausender, war von dieser Gruppe der letzte, der bestiegen wurde – 1964 durch eine chinesische Expedition unter der Leitung von Hsu Ching.
Auf der nepalisch-indischen Seite nennt man ihn Gosainthan (Gosain = heilig, than = Ort). Er wird von den Bergen an der tibetischen Grenze verdeckt, so daß man ihn vom Tal aus nicht sehen kann.

23 Die Shisha Pangma und die Berge um das Langtang-Tal von Südwesten
① Shisha Pangma, 8027 m
② Penthang Karpo Ri (Dome Blanc), 6830 m
③ Penthang Ri, 6842 m
④ Goldum, 6447 m
⑤ Triangle (Das Dreieck), 6800 m
⑥ Langtang-Gletscher
Der britische Forscher H. W. Tilman war der erste, der 1949 das Langtang-Tal erforschte und der Welt vorstellte. Damals war noch unklar, ob sich der Shisha Pangma innerhalb tibetischen Territoriums befand. Den Penthang Karpo Ri bestieg erstmalig 1955 der Schweizer R. Lambert.

24 Die Shisha Pangma mit dem Langtang und dem Jugal Himal von Südwesten
① Risum, 7133 m
② Penthang Karpo Ri (Dome Blanc), 6830 m
③ Shisha Pangma, 8027 m
④ Phola Gangchen, 7661 m
⑤ Nyanang Ri, 7071 m
⑥ Gurkàrpo Ri, 6874 m
⑦ Dorje Lakpa, 6986 m
⑧ Gyalzen Peak, 6705 m
⑨ Lönpo Gàng (Big White Peak), 6979 m
Der höchste Gipfel des Jugal Himal, der Lönpo Gang, wurde erstmalig durch eine Expedition des Japan Mountaineering Federation Tokyo District unter Leitung von Akira Takahashi 1962 bestiegen.

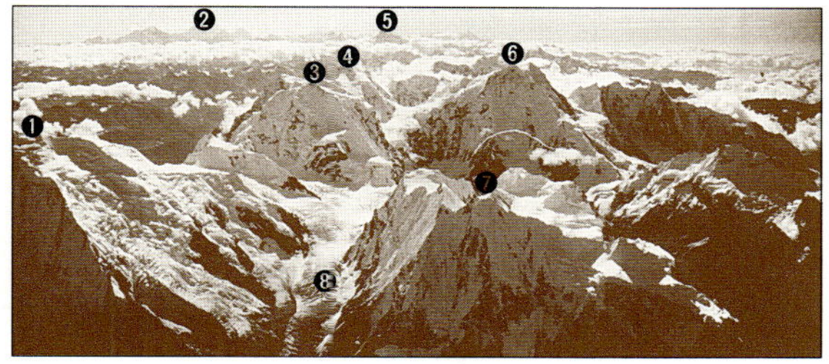

25 Die Berge des Jugal-, des Rolwaling- und des Khumbu Himal von Nordwesten
① Penthang Karpo Ri (Dome Blanc), 6830 m
② Everest, 8848 m
③ Gur Karpo Ri, 6874 m
④ Lönpo Gang (Big White Peak), 6979 m
⑤ Gaurisankar, 7134 m
⑥ Dorje Lakpa, 6986 m
⑦ Langshisa Ri, 6427 m
⑧ Langtàng-Gletscher
Der Dorje Lakpa ist nach dem Lönpo Gang der zweithöchste Gipfel des Jugal Himal. Seinen kantigen Gipfel erreichte erstmalig 1981 eine Gemeinschaftsexpedition der Hosei-Universität und des Nepal unter K. Kataokas.

26 Der Langtang Lirung und die Berge des Langtang Himal von Südosten, über dem Herambu
① Naya Kanga, 5844 m
② Ghenge Liru (Langtang II), 6571 m
③ Langtang Lirung, 7225 m
④ Kanja La, 5122 m
⑤ Kimshun, 6745 m
⑥ Yansa Tsenji, 6543 m
⑦ Ponggen Dopku, 5930 m
Der erste Gipfelangriff auf den Langtang Lirung wurde 1959 von einer Expedition des Iida Mountain Club unter Tetsuo Yamadas unternommen. Doch erst 1978 wurde er durch eine von Akira Ban angeführte Expedition der Universität von Osaka City bestiegen.

27 Der Ganesh Himal von Süden
① Ganesh Himal IV (Pabir), 7052 m
② Ganesh Himal II (Lapsang Karbo), 7163 m
③ Ganesh Himal I (Yangra), 7429 m
④ Ganesh Himal V, 6986 m
Der Ganesh Himal IV ist nach der Hindu-Gottheit Pabir (Elefant) benannt und sieht in der Tat wie ein Elefant aus, dessen Rüssel rechts herabhängt. Der Name Ganesh verweist auf die elefantenköpfige Hindu-Gottheit Ganesha. Der Ganesh Himal I wurde erstmalig 1955 durch eine schweizerisch-französische Expedition unter R. Lamberts bestiegen.

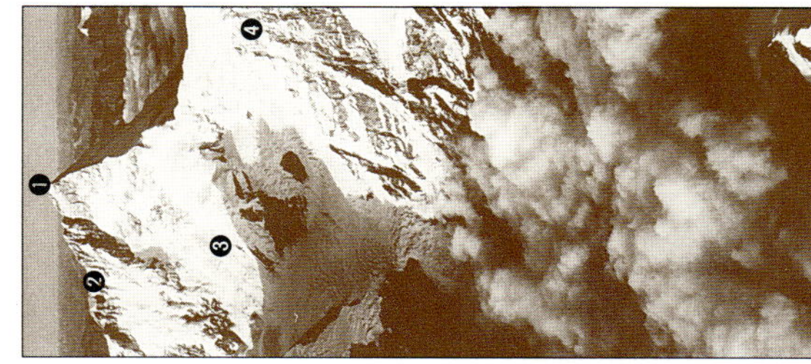

28 Der Manaslu von Südwesten
① Manaslu, 8163 m
② Manaslu-Südwestgrat
③ Thulagi-Gletscher
④ Peak 29, Nordwestgrat
Nach zwei fehlgeschlagenen Versuchen wurde der Manaslu 1955 durch die dritte Expedition des Japanischen Alpenclubs unter der Leitung von Aritsune Maki bezwungen. Die Route der ersten Besteigung hatte über die Nordostwand geführt. 1972 unternahm eine österreichische Expedition unter W. Nairz einen Angriff auf die Südwestwand. Einer der Expeditionsteilnehmer, R. Messner, erreichte den Gipfel im Alleingang, obwohl er sich auf dem Plateau verirrt hatte (s. Photo 29).

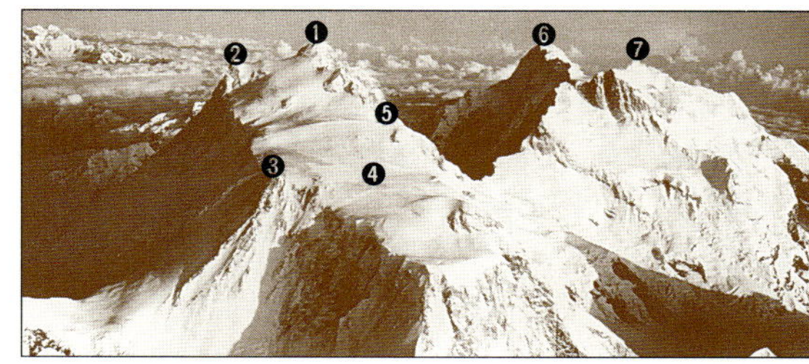

29 Der Manaslu und der Himal Chuli von Nordwesten
① Manaslu, 8163 m
② Pinnacle, 7895 m
③ Manaslu Nordgipfel, 7157 m
④ Nordsattel
⑤ Manaslu Westgrat
⑥ Himal Chuli, 7893 m
⑦ Peak 29 (Ngàdi Chuli), 7871 m
Auf der nördlichen Seite des Manaslu befindet sich ein grosses Plateau. Zwei Teilnehmer jener österreichischen Expedition im Jahr 1972, die erstmalig die Südwestwand erklettert hatte, kamen dort in einem schlimmen Schneesturm ums Leben.

30 Der Himal Chuli und das Manaslu-Gebirge von Südsüdosten
① Manaslu, 8163 m
② Peak 29 (Ngadi Chuli), 7871 m
③ Himal-Chuli-Nordgipfel, 7371 m
④ Himal-Chuli-Westgipfel, 7540 m
⑤ Himal Chuli, 7893 m
Den Himal Chuli bestieg 1960 zum ersten Mal von Westen her eine von Jiro Yamada angeführte Expedition der Keio-Universität Toko Kai. 1978 gelang der von Yoshio Ogata geleiteten »Yuki to Iwa no Kai«-Expedition, die Erstbesteigung der Südwestwand und des Westgipfels.

31 Die Ostwestseite des Himal Chuli von Nordosten
① Himal-Chuli-Hauptgipfel, 7893 m
② Hiamal-Chuli-Westgipfel, 7540 m
Himal Chuli bedeutet auf Nepali »scharfer verschneiter Gipfel«. Einer der Autoren dieses Buches, Koichiro Ohmori, gehörte zu den Teilnehmern der von der Keio-Universität augerichteten Expedition, die die Erstbesteigung erfolgreich unternommen hatte. Vier Tage lang brachte er in Unterstützung des Gipfelangriffs auf einem verschneiten Hang auf der Rückseite des verschneiten Kamms zu, der sich auf diesem Photo rechts vom Westgipfel erstreckt.

34 Machhapuchhare und Gangapurna von Norden
① Annapurna III, 7555 m
② Machhapuchhare, 6993 m
③ Gangapurna, 7455 m
Die Erstbesteigung der Annapurna III gelang 1961 einer indischen Expedition unter der Leitung von M. S. Kohli.
Die zweite Besteigung glückte neun Jahre später, 1970, einer Expedition des Japan Women's Climbing Club unter der Leitung von Eiko Miyazaki. Die Route dieser Expedition führte vom Annapurna-Ostgletscher ausgehend über den zwischen Annapurna III und Gangapurna liegenden Col, den man hier im Vordergrund deutlich erkennt.

37 Annapurna II und Lamjung Himal von Norden
① Lamjung Himal, 6983 m
② Annapurna II, 7937 m
Die Hänge nahe der Annapurna II-Spitze sind zu steil für eine Gletscherbildung und zeigen deshalb offenes Gestein.
Im Gegensatz dazu ist der Lamjung Himal mit seinen weniger steilen Hängen überall vergletschert.
Die Annapurna II wurde erstmalig 1960 durch eine britisch-indisch-nepalische Expedition unter der Führung von J. Roberts bezwungen. Den Lamjung Himal bestieg zum ersten Mal 1974 über den Ostgrat eine von M. Burgess angeführte britische Expedition.

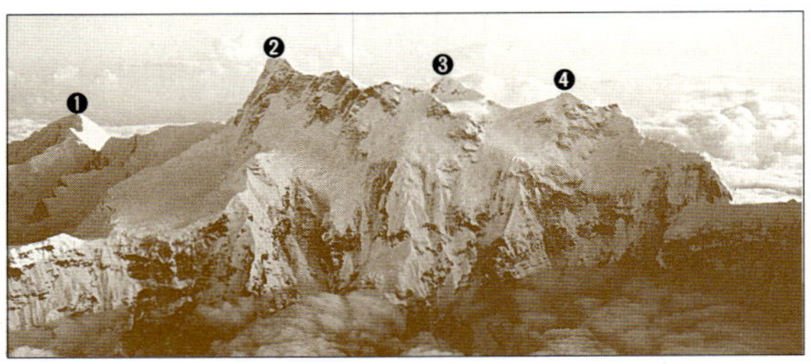

32 Der Himal Chuli von Norden
① Baudha Peak, 6672 m
② Hiamal-Chuli-Hauptgipfel, 7893 m
③ Hiamal-Chuli-Westgipfel, 7540 m
④ Hiamal-Chuli-Nordgipfel, 7371 m
Im Jahre 1977 schaffte es die von Toyozo Sugasawa angeführte Expedition der Meiji-Universität zwar, bis zum Hauptgrat des Himal Chuli vorzudringen, doch war sie gezwungen, kurz vor dem Gipfel umzukehren.
Der Baudha-Gipfel wurde zum ersten Mal 1970 durch eine Expedition der Keio-Universität unter der Leitung von Yasuhiko Iso bezwungen.

35 Die Annapurna I von Südosten
① Annapurna Dakshim (A-South), 7219 m
② Varaha Shikan (Fang, d. h. Eckzahn), 7647 m
③ Annapurna I, 8091 m
④ Annapurna-Südwand
Die Erstbesteigung der Annapurna I gelang am 3. Juni 1950 einer von M. Herzog angeführten französischen Expedition. Es war das erste Mal, daß ein Mensch einen Gipfel über 8000 m Höhe erreicht hatte. 20 Jahre später, am 27. Mai 1970, bestieg eine britische Expedition unter der Leitung von C. Bonington die 4000 m hohe Südwand und eröffnete damit das »Zeitalter der Big-Wall-Kletterei«.

38 Annapurna I und Tilitso Himal von Nordosten
① Kangsar Kang (Roc Noir), 7485 m
② Annapurna-I-Ostgipfel
③ Annapurna I, 8091 m
④ Tilitso Himal, 7134 m
⑤ Nilgiri North, 7061 m
Die 1950 von M. Herzog geleitete französische Expedition, der die Erstbesteigung der Annapurna I geglückt war, irrte aufgrund von Kartenfehlern lange um den Fuß der Berge herum.
Die »Große Barriere«, wie sie den in diesem Photo in der Mitte sichtbaren langen Grat nannten, war auf ihrer Karte nicht verzeichnet. Diese Verzögerung verursachte die Tragödie beim Abstieg.

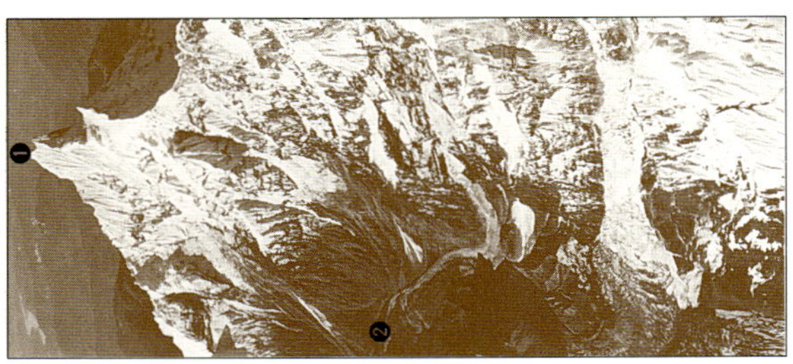

33 Der Machhapuchhare von Norden
① Machhapuchhare, 6993 m
② Seti Khola
Machhapuchhare heißt auf Nepali »Fischschwanz«. Wenn man den Machhapuchhare von Norden her erblickt, erkennt man, wie der Name bereits andeutet, die zwei flossenartigen Gipfel an der äußersten Spitze eines langen Gebirgskamms, der sich von Annapurna III her erstreckt. Wenn man dagegen den Berg von Pokhara aus betrachtet, überlagern sich die beiden Gipfel optisch und erscheinen wie einer.
Daher bezeichnen ihn die Europäer auch gerne als »Matterhorn des Himalaya«.

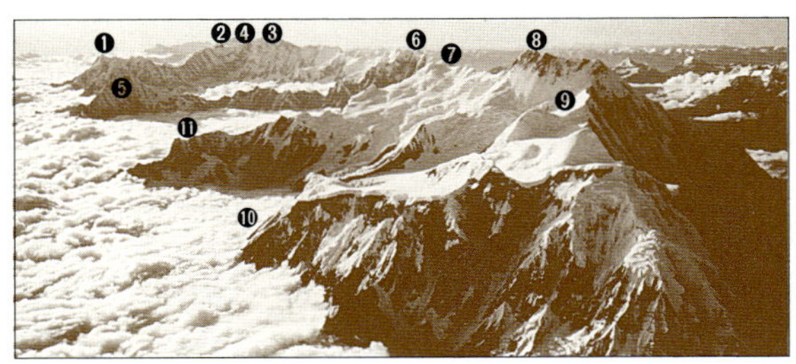

36 Gesamtansicht des Annapurna Himal von Südosten
① Annapurna Dakshim (A-South), 7219 m
② Varaha Shikan (Fang, d. h. Eckzahn), 7647 m
③ Annapurna I, 8091 m
④ Dhaulagiri I, 8167 m
⑤ Machhapuchhare, 6993 m
⑥ Annapurna III, 7555 m
⑦ Annapurna IV, 7525 m
⑧ Annapurna II, 7937 m
⑨ Lamjung Himal, 6983 m
⑩ Modi-Khola-Tal
⑪ Seti-Khola-Tal
Monsunwolken, die sich vom Indischen Ozean her nähern, werden vom Annapurna Himal aufgehalten. Deshalb sind die Berge auf der tibetischen Seite trocken.

39 Der Annapurna Himal von Nordwesten über dem Tilitso-See
① Annapurna II, 7937 m
② Annapurna IV, 7525 m
③ Annapurna III, 7555 m
④ Gangapurna, 7455 m
⑤ Machhapuchhare, 6993 m
⑥ Kangsar Kang (Roc Noir), 7485 m
⑦ Annapurna I, 8091 m
⑧ Tilitso-See
Die Annapurna-Nordseite ist hier deutlich erkennbar. Wäre das Photo 1950 verfügbar gewesen, hätte sich die Tragödie für die französische Mannschaft vermutlich vermeiden lassen, die den Fuß der Annapurna I direkt vom Tilitso-See aus erreichen wollte.

40 Der Dhaulagiri-I von Süden
① Dhaulagiri I, 8167 m
② Dhaulagiri-I-Südgrat
③ Dhaulagiri-I-Südwand
④ Dhaulagiri-I-Südostgrat
Die Südwand des Dhaulagiri I zählt zu den steilsten und schwierigsten Wänden. R. Messner führte 1977 eine internationale Expedition bei einem Angriff auf diese Südwand an. Lawinen zwangen ihn zum Rückzug. Die erste Besteigung des Südostgrats gelang einer Expedition der Gumma Prefecture Mountaineering Federation unter der Leitung von Shigeyuki Tanaka, allerdings verbunden mit dem Verlust von vier Bergsteigern aus der Gruppe.

41 Der Dhaulagiri I von Ostsüdosten
① Dhaulagiri I, 8167 m
② Dhaulagiri-I-Südgrat
③ Dhaulagiri-I-Südostgrat
④ Dhaulagiri-I-Nordostgrat
⑤ Dhaulagiri-I-Südwand
⑥ Dhaulagiri-I-Ostwand
⑦ Churen Himal, 7371 m
⑧ Dhaulagiri IV, 7661 m
⑨ Dhaulagiri II, 7751 m
Eine von M. Herzog angeführte französische Expedition hatte auf der östlichen und der nördlichen Seite nach einer Route Ausschau gehalten, doch verwarf beide als unbegehbar. Die Erstbesteigung des Dhaulagiri I gelang 1960 einer Schweizer Expedition unter Max Eiserin vom Nordostgrat aus.

42 Dhaulagiri I und II von Ostnordosten
① Dhaulagiri I, 8167 m
② Dhaulagiri-I-Nordwand
③ Dhaulagiri-I-Nordwestgrat
④ Dhaulagiri II, 7751 m
⑤ Dhaulagiri III, 7715 m
⑥ Dhaulagiri V, 7618 m
Der Dhaulagiri II, den man hier sieht, wie er über der Myagdi Khola-Schlucht aufragt, wurde erstmalig im Jahr 1971 durch eine von Franz Huber angeführte österreichische Expedition bezwungen.
1979 gelang einer Kamoshika Dojin-Expedition unter der Leitung von Michiko Takahashi die erste Durchsteigung des Dhaulagiri II, III und V.

43 Dhaulagiri I und Tukuche Peak von Ostnordosten
① Dhaulagiri I, 8167 m
② Dhaulagiri-I-Südostgrat
③ Dhaulagiri-I-Nordwestgrat
④ Dhaulagiri-I-Ostwand
⑤ Dhaulagiri-I-Nordwand
⑥ Tukuche Peak, 6920 m
⑦ Dhaulagiri IV, 7661 m
⑧ Dhaulagiri II, 7751 m
⑨ Churen Himal, 7371 m
⑩ Franzosenpaß, 5334 m
Die 1950 von M. Herzog angeführte französische Expedition errichtete in Tukuche ein Basislager und erkundete ausgiebig die nördlichen und östichen Hänge des Dhaulagiri I. Nach ihnen erhielt denn auch der »Franzosenpaß« seinen Namen.

44 Putha Hiunchuli und Churen Himal von Ostsüdosten
① Putha Hiunchuli, 7246 m
② Churen Himal, 7371 m
③ Dhaulagiri VI, 7268 m
④ Gurja Himal, 7193 m
Diese Aufnahme veranschaulicht sehr deutlich, wie die ursprünglich den Meeresgrund bildende Bodenschicht, aus der die Bergkette besteht, die sich vom Himalaya zum tibetischen Hochplateau erstreckt, sanft zum weiter nördlich gelegenen Tibet ansteigt.
Der Putha Hiunchuli wurde 1954 von J. Roberts bestiegen, der Churen Himal erstmalig 1970 durch eine Expedition der Shizuoka-Universität unter der Führung von Takashi Serizawa.

45 Die Häuser des Dörfchens Phortse drängen sich auf den wenigen ebenen Flächen zusammen
Die Dörfer des Himalaya sind willkommene Rastpunkte, sowohl für die Trekker als auch für die Bergwanderer. Selbst vom Flugzeug aus betrachtet bilden die grünen geometrischen Umrisse der Häuser zu den Einöden der Felsen und des Schnees einen angenehmen Kontrast.
Wenn man zu den Himalayatälern hinaufsteigt, trifft man auf Häuser, die geschickt auf kleinen sanftgeschwungenen Landstückchen errichtet wurden und sich an die Steilhänge der das Tal begrenzenden Wände schmiegen.

Photographische Daten

	Tag	*Uhrzeit*	*Höhe (m)*	*Objektiv (mm)*	*Filter*	*Film*	*Blende*	*Zeit*
1	3.5.83	8:05	6700	W125	1B	EPD	f16	1/500
2	17.2.92	15:30	7700	W150	1B	EPD	f18	1/500
3	3.5.83	8:10	6700	W125	1B	EPD	f16	1/500
4	3.5.83	8:00	6200	W125	1B	EPD	f16	1/500
5	3.5.83	8:15	6700	W125	1B	EPD	f18	1/500
6	3.5.83	8:25	6700	W125	1B	EPD	f18	1/500
7	4.11.92	9:40	8900	W125	1B	EPD	f16	1/500
8	4.11.92	8:50	8800	SW90	CF	EPD	f13	1/500
9	24.4.79	8:20	7200	W150	SL	EPD 1)	--	--
10	4.11.92	9:10	9000	W150	1B	EPD	f16	1/500
11	26.4.92	6:20	8200	W150	1B	RPD	f11	1/500
12	6.4.92	6:05	7200	SW90	CF	EPD 2)	f11	1/250
13	26.9.91	9:00	7400	W150	1B+ND2	EPD	f13	1/500
14	24.4.79	8:10	6900	SW105	SL	EPD 1)	--	--
15	11.11.76	--	7500	SW105	SL	EPD 3)	--	--
16	24.4.79	8:20						
17	27.9.91	7:30	6800	W150	1B	EPD	f11	1/500
18	22.10.90	7:00	7500	W150	1B	EPD	f13	1/500
19	10.4.92	9:30	--	SW90	CF	EPD	f18	1/250
20	27.4.91	8:00	7200	W125	1B	EPD	f18	1/500
21	4.11.92	11:50	5200	W150	1B	EPD	f16	1/500
22	24.9.91	9:15	7300	W125	1B+ND2	EPD 3)	f13	1/500
23	4.5.83	8:20	5700	W125	1B	EPD	f16	1/500
24	15.2.92	17:40	6700	W150	1B	EPD	f13	1/250
25	24.9.91	8:40	7300	W125	1B+ND2	EPD 3)	f11	1/500
26	7.4.92	7:10	5800	W125	1B	EPD	f16	1/500
27	7.4.92	7:40	5800	W125	1B	EPD	f16	1/500
28	27.9.91	17:25	8000	W150	1B	EPD	f11	1/500
29	27.9.91	17:25	8000	W150	1B	EPD	f11	1/500
30	27.9.91	17:20	7900	W125	1B	EPD	f11	1/500
31	--	--	--	--	SL	--	--	--
32	27.9.91	17:30	8000	W150	1B	EPD	f11	1/500
33	5.11.76	--	--	W150	SL	EH	--	--
34	5.11.76	--	8400	W150	SL	EH 3)	--	--
35	28.9.91	6:50	7600	W150	1B	EPD 2)	f11	1/500
36	27.9.91	17:10	8000	W125	1B	EPD	f13	1/500
37	5.11.76	--	8400	SW105	SL	EH 4)	--	--
38	6.11.92	8:10	--	W125	1B	EPD	f16	1/500
39	28.9.91	7:50	8100	W150	1B	EPD	f13	1/500
40	28.9.91	6:40	8000	W150	1B	EPD	f16	1/500
41	28.9.91	6:50	7600	W150	1B	EPD 2)	f16	1/500
42	28.9.91	7:20	7900	W125	1B	EPD	f16	1/500
43	28.9.91	7:40	7800	W125	1B	EPD	f11	1/500
44	28.9.91	7:30	7500	W150	1B	EPD	f13	1/500
45	27.9.91	7:30	4000	W125	1B	EPD	f11	1/250

1) 1/2 push 2) 2/3 push 3) 1/3 pull 4) 1/3 push

Dank

Die Entstehung dieses Buches ist der Zusammenarbeit vieler Mitwirkender zu verdanken.
Mein Dank gilt zunächst Chris Bonington, der eine phantastische Einleitung geschrieben hat. Yugo Ono überprüfte die Namen der Berge und erläuterte das Himalayagebirge. Takayuki Shiraiwa, Shunji Iwata und Teiji Watanabe waren ebenfalls an der Überprüfung der Namen beteiligt. Bei den Flügen und Flugmanövern war ich sehr auf die Mithilfe von Machiko Tajika, Ang Gyaltsen, Hanji Ohgawara, allen voran jedoch von Takashi Miyahara angewiesen. Natürlich bin ich auch den Piloten Emil Wick, Bishar Duan und M. J. Shrestha zu Dank verpflichtet, ebenso Herrn Khal, B. K. Shrestha und Naofumi Takeshita, die die Wartung der Flugzeuge übernahmen. Tomoya Iozawa und Seiichi Hatano lehrten mich das Lesen topographischer Karten. Bei der Herstellung meiner leistungsstarken Panoramakameras wurde ich tatkräftig von Yohtaro Kobayashi, Yasuo Honda, Katsuhiro Ohtake, dem inzwischen verstorbenen Kentaro Hattori, Junichi Hattori und Nobuji Iida unterstützt. Gelegentlich flogen Tokiro Moriya und Jinichiro Maeda mit mir und trugen so zum Vergnügen des Ausflugs bei. Harold Solomon übertrug den japanischen Text ins Englische und legte damit die Basis für die Publikation des Buches in Europa. Die Gestaltung des Buchs lag bei Toshio Inoue. Diese Veröffentlichung ist der Zusammenarbeit von Yoshimitsu Kawasaki, Kazuya Kimura, Shigeo Endo, Tsunemichi Ikeda und Kyoko Tanaka zu verdanken. Die Drucklegung wurde von vielen hilfreichen Mitarbeitern der Dai Nippon Printing Co. und von Dai Nippon Total Process Ichigaya übernommen. Darüber hinaus trugen zahlreiche weitere Mitwirkende, die ich hier im einzelnen leider nicht aufführen kann, durch ihre hilfreiche Unterstützung zum Gelingen des Projekts bei.

Die Autoren

Koichiro Ohmori

1935 in Tokyo geboren. 1957 Universitätsabschluß an der Fakultät für angewandte Chemie der Hochschule für Ingenieurswissenschaften an der Keio Universität. Als Student war er Mitglied im Japanischen Alpenclub und bestieg zahlreiche Berge. Nach Studienabschluß nahm er an der Himal-Chuli-Expedition des Clubs teil. 1972 verlieh man ihm eine Privatpilotenlizenz.
Einige Zeit arbeitete Ohmori für Honshu Paper K. K., heute ist er leitender Geschäftsführer der Water Environment Operations Division, Nippon Core K. K. Gleichzeitig engagiert er sich als einer der Hauptgeschäftsführer des Japanischen Alpenclubs für den Umweltschutz im Gebirge.
Ohmori stellte eigene Panoramakameras her und hat zahlreiche Landschaftsaufnahmen in Büchern und Zeitschriften veröffentlicht. Zu seinen Buchpublikationen zählen »Luftaufnahmen der nördlichen Alpen Japans«, »Luftaufnahmen von Japans berühmten Bergen«, »Panoramaaufnahmen der nördlichen Alpen Japans aus der Luft« (jeweils erschienen bei YAMAKEI Publishers) sowie »Fliege über die Berge« (verlegt bei Iwanami).

Aktuelle Adresse:
Konandai 5-15-30,
Konan-Ku, Yokohama-Shi,
Kanagawa-Ken 233, Japan.

Yugo Ono

1948 in Tokyo geboren. 1970 Universitätsabschluß an der Fakultät für Geologie und Mineralogie an der wissenschaftlichen Fakultät der Pädagogischen Hochschule in Tokyo. 1975 wurde ihm die Doktorwürde verliehen.
Zur Zeit unterrichtet er als Professor an der Hochschule für Umweltwissenschaften an der Hokkaido Universität.
Ono ist Mitglied des Japanischen Alpenclubs und Mitglied in der Geschäftsführung des Vereins Japanischer Geographen, der Japanischen Vereinigung für Quartärforschung und der Gesellschaft für Umweltschutz in Japan.
Zu seinen Buchveröffentlichungen zählen »Reise in die Eiszeit, aus der Vogelperspektive« (ein gemeinsames Autorenprojekt mit Koichiro Ohmori, Maruzen), »Die Naturgeschichte Hokkaidos« (in gemeinsamer Autorenschaft mit Yaeko Igarashi, Hokkaido University Press) und die Übersetzung von »Der periglaziale Naturraum« (von H. M. French, Kokon-shoin).

Chris Bonington C. B. E.

1934 in Hampstead, England geboren. Er studierte in Sandhurst; nach seinem Dienst beim Royal Tank Regiment im Jahre 1956 war er in Deutschland stationiert und unterrichtete dann Bergsteigen an der Army Outward Bound School.
Bereits in jungen Jahren Bergsteiger, nahm Bonington an verschiedenen schwierigen Erstbesteigungen in den Alpen sowie 1962 an der ersten Eiger-Nordwand-Begehung durch die Briten teil.
Seine erste Tour in den Himalaya machte er 1960 im Rahmen einer Gemeinschaftsexpedition der britisch-indisch-nepalischen Streitkräfte zur Annapurna II, bei der er den Gipfel erreichte. Als Leiter der Expeditionen, denen 1970 die Durchsteigung der Annapurna-Südwand und 1975 der Everest-Südwestwand gelang, war Bonington ein Wegbereiter der Ära des Big-Wall-Climbing im Himalaya. Außerdem bestieg Bonington 1977 den Ogre, 1981 den Kongur, 1983 den Shivling und 1988 den Westgipfel des Menlungtse. 1985 erreichte er als Mitglied einer norwegischen Expedition den Gipfel des Vinson Everest.
Nach Beendigung seines Militärdienstes arbeitete er hauptamtlich als freiberuflicher Abenteuerschriftsteller. Er schrieb 13 Bücher, darunter »Annapurna South Face« (Cassell) – dt.: »Die Annapurna-Südwand« –, »The Next Horizon« (Gollancz) – dt.: »Der nächste Horizont«- und »Everest the Hard Way« (Hodder and Stoughton) – dt.: »Everest, der schwierige Weg«.